Sonnets humouristiques

Joséphin Soulary

Sonnets humouristiques

texte établi et présenté par
Andrea Schellino

ISSN 0768-0821
ISBN 978-2-86503-309-6

Diffusion-distribution : Classiques Garnier

INTRODUCTION

La postérité n'a guère été favorable à Joséphin Soulary. Précurseur d'Hérédia[1], apprécié de son vivant par quelques *happy few*, objet d'une timide redécouverte à la fin du XIXe siècle, Soulary semble aujourd'hui avoir sombré dans l'oubli. Bien inséré dans la société littéraire lyonnaise de son temps, il a pourtant contribué au milieu du siècle à la renaissance du sonnet. Tout en illustrant le goût littéraire de son temps, il a annoncé le renouveau d'une forme tombée en désuétude. Son dévouement à la poésie lui a gagné l'estime de plusieurs écrivains majeurs de son époque, dont Sainte-Beuve, Barbey d'Aurevilly et Baudelaire.

L'auteur des *Fleurs du Mal*, en particulier, touché par les manifestations de sympathie dont lui témoignait Soulary, avait repéré dans les *Sonnets humouristiques* une affinité avec sa poésie. Le 15 février 1860, il charge Armand Fraisse de transmettre à Soulary l'expression de sa « profonde estime » :

> Dites-lui aussi que j'ai une profonde estime pour son esprit, que je me suis souvent enquis de lui auprès de M. Pierre Dupont, et qu'à mon admiration se joignait un genre de plaisir assez piquant ; j'avais retrouvé dans son ouvrage plusieurs préoccupations semblables aux miennes, non seulement dans le choix des sujets, mais aussi dans les images. Peut-être est-ce ma vanité qui me fait voir cette ressemblance[2].

---

[1] Voir Jules Tellier, *Nos poètes*, Paris, Dupret, coll. Les Écrivains d'aujourd'hui, 1888, p. 73.

[2] Charles Baudelaire, *Nouvelles lettres*, présentées et annotées par Claude Pichois, Paris, Fayard, 2000, p. 21.

DE GÊNES À LYON

La famille de Soulary était originaire de Gênes : son arrière-grand-père, Giovanni Battista Solari, s'était établi à Lyon vers 1742 pour aider son frère Pietro, qui avait ouvert une manufacture de velours. Les Soulary créèrent un commerce lucratif de tissus, activité transmise de père en fils. Le père de Joséphin, Jean-Baptiste, négociant de soieries, épousa le 12 novembre 1812 Anne-Joséphine-Constance Deléglise, dont Adèle Souchier a laissé ce portrait : « Je me souviens d'un délicat portrait de la mère du barde, Mme Jean-Baptiste Soulary, née Joséphine Deléglise ; elle avait été fort belle : une blonde à la grande figure, au front élevé, à l'impression intelligente, à la noble prestance[3]. » Joseph-Marie Soulary, dit Joséphin, naquit le 23 février 1815 à Lyon, au 4 de la rue Donnée. Onze ans plus tard ses parents eurent un autre enfant, Jean-Marie, dit Joannès, auquel Joséphin fut très lié. Après une carrière dans l'armée, Jean-Marie fut gravement blessé au siège de Belfort, en février 1871. Resté à demi-paralysé, il devint maire de Condrieu, où il s'était retiré, et mourut en octobre 1888.

L'enfance de Joséphin ne fut guère heureuse. Ses parents le laissèrent en nourrice auprès d'une famille de paysans, dans la campagne du Bugey. Cette région lui apparut par la suite comme une sorte de paradis perdu, où il aimait se réfugier loin des corvées bureaucratiques. De sept à onze ans, Soulary fut placé en pensionnat à Montluel, dans l'Ain : plus tard il qualifia cette période de sa vie de « véritable martyre[4] ». Peu

---

[3] Adèle Souchier, *Fido II. Le compagnon de chasse de Joséphin Soulary*, Grenoble, Xavier Drevet, coll. Bibliothèque littéraire du Dauphiné, [1900], p. 19.

[4] Lettre non datée de Soulary à Léon de Vailly ; citée par Jean-Jacques Nuel, *Joséphin Soulary poète lyonnais (1815-1891)*, Lyon, Éditions lyonnaises d'art et d'histoire, 1997, p. 17.

enclin à respecter la discipline sévère de la vie en communauté, et après une tentative avortée de fuite[5], il fut ramené à Lyon pour y être inscrit au petit séminaire de Saint-Jean puis, deux ans plus tard, au petit séminaire de L'Argentière. Cette scolarité tourmentée prit fin en 1831, lorsque Soulary termina la classe de rhétorique : il s'engagea alors comme volontaire dans le 48e régiment de grenadiers, en garnison à Bordeaux, et dans lequel un de ses parents servait comme colonel. C'est de cette période que dateraient ses premières compositions poétiques et ses premiers essais, qui furent publiés dans un journal local, *L'Indicateur de Bordeaux*, et à Paris, dans *La France littéraire*.

En février 1837, sa santé fragile l'oblige à rentrer à Lyon pour se soigner. Abandonnant la carrière militaire, pour laquelle il n'avait que peu de goût, il vit de petits travaux. Avec ses modestes revenus, il publie à compte d'auteur ses premiers recueils de poèmes, témoignant déjà d'une inspiration hétéroclite : *À travers champs. Boutade poétique* (Chambet aîné, 1837), *Les Cinq Cordes du luth. Fantaisie poétique* (Impr. de Léon Boitel, 1838), *Le Chemin de fer. Ballade* (Vve Ayné, 1841) et *Une mendiante au congrès scientifique* (Vve Ayné, 1842). Il collabore aussi à quelques journaux lyonnais, comme *L'Artiste de province*, qui acceptent de publier des fragments de ses longs poèmes. Ces premiers essais littéraires, même s'ils restent confidentiels, lui procurent des protections, comme celle d'Hector Collet-Meygret, qui en 1854 fut nommé directeur de la Sûreté générale.

En mai 1840, la fortune lui sourit. Le nouveau préfet du Rhône, Hippolyte Paul Jayr, qui était à la recherche d'un secrétaire particulier, propose à Soulary d'intégrer son cabinet personnel. C'est le début de sa longue carrière dans l'administration publique lyonnaise. Peu après, en avril 1841, Soulary épouse Jenny Maillé, alors âgée de dix-huit ans. En

---

5 Voir Aimé Vingtrinier, *Joséphin Soulary. Nouvelle étude*, Lyon, Vingtrinier, 1891, p. 28.

février 1842, le couple a un enfant, qui meurt un an plus tard. Ce ménage, qu'Aimé Vingtrinier assure avoir été heureux[6], fut cependant troublé par la présence encombrante de la mère de Jenny, qui voyait d'un mauvais œil l'activité poétique de son gendre. Soulary prendra sa revanche dans deux poèmes, *La Belle-mère* et *Ménage d'oiseaux*[7], et surtout dans une comédie en deux actes, *La Lune rousse* (Paris, Alphonse Lemerre, 1879), parodie de ses mésaventures familiales, mise en scène le 14 novembre 1879 au théâtre des Célestins de Lyon.

Scrupuleux et sérieux, ne consacrant aux Muses que ses loisirs, Soulary ne tarda pas à se distinguer au sein de l'administration. En 1847, il abandonna ses précaires fonctions de secrétaire particulier du préfet pour devenir chef de bureau. Entré en janvier 1868 à la bibliothèque du Palais des arts en qualité de bibliothécaire en second, il gravit les échelons : conservateur intérimaire en 1870, conservateur en chef en 1873, il devint inspecteur des huit bibliothèques municipales de Lyon en 1880. Pendant ces années, Soulary partageait son temps entre son cottage, rue des Gloriettes[8], au flanc de la colline de la Croix-Rousse, dont il avait fait l'acquisition en 1854, et sa maisonnette à Rossillon en Bugey, où il se réfugiait pour profiter de la campagne et chasser en compagnie de son chien[9]. Son salon, écrit Adèle Souchier, « vrai musée de peintures, de souvenirs et d'hommages [...], était aussi orné de jardinières, dans l'embrasure des croisées, de plantes délicates[10] ».

En ces mêmes années, où la vocation littéraire de Soulary se précise, sa réputation de sonnettiste s'affirme. Dès les années

[6] Aimé Vingtrinier, « Biographie », dans *À la mémoire de Joséphin Soulary*, Lyon, Imprimerie de Adrien Storck, [1892], p. 36.

[7] Voir ci-dessous, p. 185, 244.

[8] Aujourd'hui rue Joséphin Soulary.

[9] Voir à ce propos : Adèle Souchier, *Fido II. Le compagnon de chasse de Joséphin Soulary*, *op. cit.*

[10] *Ibid.*, p. 18.

quarante, débarrassé des ennuis matériels, il peut écrire à sa guise, collaborer, quoique sporadiquement, avec la presse lyonnaise (en particulier avec *La France littéraire*, dirigée par Joséphin Péladan, *Le Salut public* et la *Revue du Lyonnais*), et recueillir ses sonnets dans de petits volumes, qu'il publie souvent à ses frais. La première série des *Éphémères* paraît en août 1847 chez l'imprimerie de Rey, à Lyon. Malgré la diffusion très limitée de ce recueil de sonnets, Soulary fait paraître deux autres séries d'*Éphémères* en novembre 1856 et en novembre 1857[11]. Un épisode fâcheux risque alors de troubler son activité littéraire. En rendant compte des *Éphémères* dans *Le Revue contemporaine et athenæum francais*[12], Édouard Hervé accuse Soulary d'avoir plagié un quatrain et un sixain de Lamartine, inscrits sur un album et recueillis en 1834 dans le t. IV de ses *Œuvres complètes*[13]. Profondément blessé par cette insinuation, Soulary tenta en vain de se justifier auprès de Lamartine, qui avait été l'un de ses inspirateurs. Dans la seconde série des *Éphémères* (p. 5), il justifie la publication de ces vers, remaniés sous forme de sonnet, dans une note : « Ces vers, inscrits sur l'Album d'une jeune fille, en 1839, ont été reproduits, sans nom d'auteur, dans le volume des curiosités littéraires faisant partie de la *Bibliothèque de poche* publiée par PAULIN, en 1845. » Dans ce volume, les vers de Lamartine figuraient comme exemple de ces « charmantes pièces de vers[14] » d'auteur inconnu qu'on trouve parfois dans les albums des femmes. Soulary enleva ce sonnet des éditions suivantes de son recueil.

---

[11] Cette seconde série, enregistrée dans la *Bibliographie de la France* en novembre 1857, a dû paraître quelques mois plus tôt.

[12] Dans la « Revue critique », 15 août 1857, p. 182-183.

[13] Alphonse de Lamartine, *Œuvres complètes*, Paris, Charles Gosselin, t. IV, 1834, p. 251, sous ce titre : « Vers sur un album ». Le sixain avait paru en 1832 dans *L'Hommage aux dames*. Voir Lamartine, *Œuvres poétiques complètes*, édition présentée, établie et annotée par Marius-François Guyard, Paris, Gallimard, coll. Bibliothèque de la Pléiade, 1963, p. 546-547.

[14] *Bibliothèque de poche*, Paris, Paulin, 1845, p. 389.

LA PLÉIADE LYONNAISE

Éloigné des querelles littéraire, Lyon s'avère un milieu bénéfique pour Soulary. Il fréquente un cénacle d'écrivains et de notables qui font des belles lettres leur violon d'Ingres et s'éloignent du modèle bohème qui inspire encore nombre de leurs confrères parisiens. Adèle Souchier rappelle ses liens d'amitié avec Jules Janin[15]. Paul Mariéton évoque le « petit cercle d'amis distingués » avec qui Soulary aimait s'entretenir : « les Chenavard, les Jean Tisseur, ses deux intimes : les Pierre Dupont, les Victor de Laprade, les Vingtrinier, un archéologue doublé d'un poète, les Louisa Siefert, une fille de son esprit[16] ». Ce fut, à en croire Mariéton, une nouvelle « Pléiade lyonnaise », moins brillante que la précédente, mais décidée à cultiver la vie de l'esprit.

Ce n'est qu'à la fin des années cinquante que la réputation de Soulary dépasse ce cercle restreint de lettrés et d'artistes, et parvient jusqu'à Paris. En ayant recours à un éditeur lyonnais renommé pour le soin typographique de ses livres, Louis Perrin, le poète fait paraître en août 1858 la première édition des *Sonnets humouristiques*. L'année suivante, il publie une nouvelle édition de son recueil, refondue et augmentée, qui sera à nouveau remaniée en 1864 et publiée sous le titre : *Sonnets. Poèmes et poésies*. Ces publications lui gagnent l'estime de la critique parisienne, lui permettant de faire paraître ses recueils chez d'autres éditeurs : *Papillons noirs*, en 1858, chez Dentu ; *Les Figulines*, en 1862, chez Nicolas

[15] « J'ai parlé de ses camarades : parmi les "*anciens*", ceux que les enfants appellent ingénument les "*vieux !*", se trouvait Jules Janin » (Adèle Souchier, *Fido II. Le compagnon de chasse de Joséphin Soulary*, *op. cit.*, p. 19).

[16] Paul Mariéton, *Joséphin Soulary et la Pléiade lyonnaise*, Paris, Marpon-Flammarion, 1884, p. 56.

Scheuring ; *Les Diables bleus*, en 1870, chez Alphonse Lemerre. L'éditeur des parnassiens entreprend, dès 1872, de publier les œuvres poétiques de Soulary en trois volumes, réimprimés jusqu'en 1886. Cette consécration éditoriale est complétée par de nombreuses distinctions honorifiques : en 1861, le prince Humbert de Carignan, futur roi d'Italie, le gratifie de la croix des Saints-Maurice-et-Lazare et lui envoie une médaille d'or frappée à son nom ; en 1864, il reçoit la légion d'honneur sur proposition d'Henri Chevreau ; en 1878, l'Académie française lui attribue le prix Vitet et lui alloue 2 875 francs ; en 1879, il est nommé membre de l'Académie de Lyon[17]. Encouragé par ses amis, et en particulier par Sully Prudhomme, il se présente en 1884 comme candidat à l'Académie française, au fauteuil laissé vacant par Joseph d'Haussonville, avant de se retirer précipitamment après les premières visites académiques[18]. Tout en continuant à publier des poèmes, Soulary s'essaie aussi au théâtre et, le 16 avril 1879, il fait jouer au Théâtre français de Lyon une comédie en deux actes, *Un grand homme qu'on attend.*

À partir de la fin des années 1870 son activité littéraire se raréfie. Après la mort de sa femme, en avril 1888, il se rend souvent dans le sud la France, puis à Alger, dont le climat sec et chaud semble avoir un effet positif sur son asthme. Après sa démission de la fonction publique, il se remarie en janvier 1890 avec Eugénie Pommier-Vincent. Il meurt à Lyon, le 28 mars 1891.

Les hommages de ses amis et de sa ville natale ne se firent pas attendre : un an après sa mort, parut un volume en son hommage, recueillant entre autres des textes de François Coppée, d'Aimé Vingtrinier et de Jules Claretie[19].

---

[17] Voir Eugène Vial, *Chenavard et Soulary. Discours de réception à l'Académie de Lyon (20 mai 1919)*, Lyon, Rey, 1919.

[18] C'est Ludovic Halévy qui fut élu à ce fauteuil vacant, le 4 décembre 1884.

[19] *À la mémoire de Joséphin Soulary, op. cit.*

Un comité, présidé par Paul Chenavard, fut constitué pour ériger un monument à sa mémoire, confié à Auguste Suchetet et à Jean Bréasson, et inauguré le 27 octobre 1895 à Lyon, place Saint-Clair[20].

« LE PLUS HABILE CISELEUR » DU SONNET

Poète à l'inspiration abondante et inégale, Soulary a dû sa fortune aux quatre éditions des *Sonnets humouristiques* qu'il a publiées de 1857 à 1872. Il avait pourtant fait paraître un grand nombre de poèmes aux formes les plus variées, de la chanson à l'ode, de la méditation à l'épigramme, en pratiquant toutes sortes de mètres, et qui ont été recueillis en 1872 dans le deuxième volume de ses *Œuvres complètes*, chez Alphonse Lemerre. Mais c'est son patient travail de miniaturiste qui a fait de lui, aux yeux de la critique de son temps, l'orfèvre du sonnet. Dans la notice qu'il lui consacre en 1862 dans le t. IV des *Poètes français*, Léon de Wailly s'approprie ce point de vue : « sauf quelques publications de peu d'importance et qui ne doivent guère être considérées que comme des essais, des tâtonnements, il n'apporte à cette exposition des produits de la poésie française qu'un seul volume de vers, mais un volume déjà par trois fois amoureusement retouché, complété[21]. »

Cette réputation, à laquelle souscrivait aussi Sainte-Beuve[22], n'était pas faite pour déplaire à Soulary, qui s'identifiait à cette image idéalisée d'artisan de la langue poétique, s'exténuant sur ces « cailloux » destinés à devenir

---

[20] Le buste se trouve aujourd'hui sur la tombe de Soulary.

[21] *Les Poètes français*, publié sous la direction de M. Eugène Crépet, Paris, Hachette, t. IV, 1862, p. 488.

[22] Voir ci-dessous, p. 27.

des « perles de poésie[23] ». Dans une époque orientée vers la prolixité littéraire, de nombreux critiques ont célébré sa facilité à amalgamer une idée, un petit moment narratif ou dramatique dans un poème court et aux règles pourtant jugées rigides. Le comparant à Ronsard, Alfred Delvau a fait l'éloge de sa tentative d'« affranchir le genre miniature auquel il s'est voué de ce qu'il avait autrefois de maniéré et d'alambiqué[24] ». Selon Victor de Laprade, « dans ce court espace de quatorze vers », Soulary « sait condenser un tableau aussi complet qu'en plusieurs pages[25] ». Dans un compte rendu de la première et de la deuxième édition des *Sonnets humouristiques*, Gustave Vapereau a ainsi résumé la construction des sonnets de Soulary :

> On voit que si le rythme du sonnet admet peu de variété, les sujets traités n'en manquent pas. Le poète prend bien le ton de chacun : il attaque l'idée avec bonheur dans le premier quatrain, la développe sans faiblir dans le second ; il prépare habilement le trait final dans les tercets, et au dernier vers, il le lance souvent avec vigueur ou avec grâce[26].

Selon Gautier, Soulary a été « le plus fin joaillier, le plus habile ciseleur de ce bijou rythmique[27] ».

Même s'il part des mêmes présupposés, le jugement de Barbey d'Aurevilly est plus nuancé : dénonçant la subordination de la pensée à l'art, du contenu à la forme, il relègue Soulary dans « l'école des Émailleurs et des Volontaires », l'école des « Baudelaire, des Grammont, des Banville, qui

[23] Voir ci-dessous, p. 31 : « Prologue ».

[24] Alfred Delvau, *Les Sonneurs de sonnets*, Paris, Bachelin-Deflorenne, 1867, p. 162.

[25] Victor de Laprade, « *Sonnets humouristiques* de M. Joséphin Soulary », *Revue du Lyonnais*, septembre 1858, p. 185-188, ici p. 186, dans la « Revue littéraire ».

[26] Gustave Vapereau, « *Sonnets humouristiques*, par M. Joséphin Soulary », *Revue de l'instruction publique*, 9 février 1860, p. 712-714, ici p. 713, dans la « Bibliographie ».

[27] Théophile Gautier, *Histoire du romantisme*, Paris, Charpentier, 1874, p. 345.

reconnaît pour chef le grand incrusteur, M. Théophile Gautier[28] ». Il met en cause l'affirmation du sonnet, qui véhicule des « préoccupations mauvaises » et constitue un symptôme alarmant de cette « époque de décadence » où la « Volonté et son effort ont remplacé [...] la naïveté grandiose de l'Inspiration » :

> D'abord, c'est le choix du Sonnet que nous n'aimons pas et qui nous est suspect dans ce poète, car M. Soulary est un poète, malgré sa camisole de forçat volontaire, le seul genre de forçat que nous ne comprenions pas. Le Sonnet est une forme vieillie, et ce n'est rien que de vieillir, – vieillesse, dans les choses de l'intelligence, c'est souvent parfum, sagesse et profondeur – mais c'est une forme bornée, et il nous est impossible d'avoir pour elle le respect qu'avait Despréaux.

Le talent de Soulary s'exprime au mieux dans les formes courtes, ainsi que dans de brefs cycles, thématiquement cohérents, qu'il place au cœur de ses *Sonnets humouristiques*, comme *L'Hydre aux sept têtes*, consacré aux péchés capitaux[29], ou *En train express* et *Les Métaux*, qui entremêlent des réminiscences classiques et la nouvelle mythologie de la vapeur et du métal[30]. Mais alors que chaque sonnet fait l'objet d'une révision maîtrisée, voire d'une réécriture, la structure des recueils poétiques de Soulary, des petits cycles à l'ensemble des *Sonnets humouristiques*, n'est pas soumise à la même rigueur de composition, et évolue au gré de la fantaisie et des circonstances. Dans une lettre à Félix Desvernay, bibliothécaire et érudit lyonnais, Soulary précise l'aléa qui dicte l'architecture des éditions de ses sonnets :

---

[28] Jules Barbey d'Aurevilly, « *Sonnets humouristiques*, par M. Joséphin Soulary », *Le Pays*, 20 décembre 1859 ; recueilli dans *Les Œuvres et les hommes*, troisième partie : *Les Poètes*, Paris, Amyot, 1862, p. 171-184, ici p. 173.

[29] Voir ci-dessous, p. 135-142.

[30] Voir ci-dessous, p. 143-156.

> Je voudrais bien [...] pouvoir satisfaire à votre désir de connaitre l'ordre chronologique de composition des diverses parties du livre des *Sonnets*. Mais à vrai dire, il n'y a d'ordre en ce point que celui que j'y ai mis après coup. Mes premiers sonnets imprimés l'ont été en 1847 sous ce titre : « Les Éphémères » dont j'ai fait plus tard le titre d'une division du livre. L'ouvrage eut le tort de précéder de peu de jours la Révolution de 1848 ; il fut noyé dans cette débâcle, comme plus tard mes *Diables bleus* dans la débâcle de 1870. Assurément, je puis affirmer que la série des Pastels et mignardises appartient à ma jeunesse ; mais pas mal de mes pièces au crayon noir correspondent aussi à cette époque. Pour mieux dire, je n'ai jamais fait de plan d'ensemble pour mes livres ; les sonnets de bonne et de mauvaise humeur ont alterné sous la plume selon l'impression de l'heure, de la circonstance et du lieu. Seulement, lorsqu'il s'est agi de livrer ce méli-mélo à l'impression, j'ai jugé que le public me saurait gré de lui servir ce repas avec un peu de méthode, et de ne pas lui faire avaler en même temps les sauces au sucre et les sauces au piment. J'ai donc classé mes pièces dans l'ordre humain les plus gaies d'abord, les plus sombres ensuite, en passant par les nuances intermédiaires[31].

Ce flou de composition est analogue à une certaine forme d'inspiration, que Soulary lui-même a résumé par l'adjectif *humouristique*. Cultivant un « anacréontisme » veiné de pessimisme, héritage du XVIIIe siècle, et qui se manifeste dans sa volonté de fixer des « éphémères » sous forme de poèmes, il a couplé « le *sonnet* avec l'*humour*, une forme étroite et sévère avec une idée faite de caprice et de dérèglement », comme l'observe Paul Mariéton[32]. D'usage récent, emprunté à l'anglais *humoristic* et dérivé d'*humour*, le mot *humouristique*

[31] Lettre non datée, citée par Frédéric Bataille dans « Joséphin Soulary. IIIe article », *Lyon-revue*, mars 1883, p. 139-148, ici p. 147.

[32] Paul Mariéton, *Joséphin Soulary et la Pléiade lyonnaise*, *op. cit.*, p. 34 et *cf.* p. 70.

désigne une disposition empreinte de « gaieté d'imagination » et de « verve comique » (Littré)[33]. C'est un caractère mixte et fuyant, qui recherchant les aspects insolites du réel associe le plaisant au sérieux, le badinage au moralisme. Barbey d'Aurevilly utilise le mot *humouristique* pour signaler une forme d'ironie pétillante, qui prolonge la fantaisie dans les régions de l'amertume et du désenchantement[34]. C'est cette ironie que Paul Mariéton attribue à Soulary : « Je ne sais qui a défini l'humour : le caprice et la liberté de la fantaisie malade. À ce compte-là, J. Soulary serait un de nos premiers humoristes. L'humour chez lui est un composé de fantaisie italienne et de brume lyonnaise qui découle le plus souvent d'une veine d'amertume[35]. » Le poète lyonnais, dans son « Avant-propos » de l'édition de 1864 des *Sonnets. Poèmes et poésies*, admet que sa « philosophie est à proprement parler son humeur, essentiellement capricieuse, incertaine et impressionnable[36] ».

Poète de circonstance, proche de l'école plastique dans son goût pour les descriptions et le mélange des arts, Soulary professait un matérialisme modéré, qui alimentait son ironie. Il prétendait obéir à la « forme païenne[37] ». Adèle Souchier résume ainsi sa philosophie désabusée :

---

[33] Voir le *Dictionnaire historique de la langue française*, sous la direction d'Alain Rey, Paris, Le Robert, 2012, p. 1659.

[34] Jules Barbey d'Aurevilly, « M. Philarète Chasles », *Le Constitutionnel*, 28 juillet 1873 ; recueilli dans *Les Œuvres et les hommes*, t. XV : *Journalistes et polémistes, chroniqueurs et pamphlétaires*, Paris, Alphonse Lemerre, 1895, p. 163. Voir aussi le chapitre consacré à Soulary par Félix Benoît dans *L'Humour lyonnais*, Roanne, Horvath, 1981.

[35] Paul Mariéton, *Joséphin Soulary et la Pléiade lyonnaise*, *op. cit.*, p. 44-45.

[36] *Sonnets. Poèmes et poésies*, nouvelle édition complète, revue, corrigée et augmentée [...], Lyon, Louis Perrin, 1864, p. XII.

[37] Cité par Louis de Veyrières dans *Monographie du sonnet. Sonnettistes anciens et modernes, suivi de quatre-vingts sonnets*, Paris, Bachelin-Deflorenne, 1869, p. 192.

> Il repoussait le surnaturalisme, se donnait hautement comme étant de son siècle ; se proclamait libre-penseur ; aimait à railler, ne voyait que des loups dans l'humanité ; des ingrats et des méchants dans la foule. À l'entendre, c'était le mal qui gouvernait l'univers. Hors de la matière et de l'étendue qu'y avait-il[38] ?

Ennemi des excès, mais capable de pressentir les courants souterrains du siècle, Soulary s'est réfugié dans l'éclectisme. On trouvera dans *Les Sonnets humouristiques* un large éventail des thèmes de l'éternelle poésie aussi bien que des hantises de son époque. Cet éclectisme, malgré tout, lui a valu des suffrages inattendus. Celui de Baudelaire tient à ce don que Soulary avait d'explorer dans la forme du sonnet, subtilement contraignante, l'échelle de l'esprit humain, qui en ressort dans toute sa variété. Ainsi Baudelaire écrit à Armand Fraisse, journaliste lyonnais qui, dans un article sur les sonnets de Soulary, paru le 29 décembre 1859 dans *Le Salut public*, lui avait manifesté son admiration :

> Il y a dans votre article un passage vraiment remarquable : c'est celui où vous parlez de ces tempéraments vigoureux qui impriment aux ouvrages de l'esprit, composés au hasard des circonstances, une unité fatale et involontaire. Que M. Soulary soit un grand poète, cela est évident pour moi dès les premiers vers que j'ai pu lire de lui. Quel est donc l'imbécile (c'est peut-être un homme célèbre) qui traite si légèrement le Sonnet et n'en voit pas la beauté pythagorique ? Parce que la forme est contraignante, l'idée jaillit plus intense. Tout va bien au Sonnet : la bouffonnerie, la galanterie, la passion, la rêverie, la méditation philosophique. Il y a là la beauté du métal et du minéral bien travaillés. Avez-vous observé qu'un morceau de ciel aperçu par un soupirail, ou entre deux cheminées, deux rochers, ou par

[38] Adèle Souchier, *Fido II. Le compagnon de chasse de Joséphin Soulary*, *op. cit.*, p. 11.

> une arcade, etc., donnait une idée plus profonde de l'infini que le grand panorama vu du haut d'une montagne ? Quant aux longs poèmes, nous savons ce qu'il en faut penser : c'est la ressource de ceux qui sont incapables d'en faire de courts.
>
> Tout ce qui dépasse la longueur de l'attention que l'être humain peut prêter à la forme poétique n'est pas *un* poème[39].

Baudelaire exprime là une conception du sonnet très semblable à celle que Soulary incorpore dans *Le Sonnet*, où il compare cette forme à un « corset de Procuste » où, après un patient travail d'adaptation, « la beauté s'accuse[40] ».

Tenu par Soulary « pour le premier poète » de son époque[41], Baudelaire n'ignore cependant pas ses faiblesses : dans des notes sur *L'Art philosophique*, il décrit l'« esprit de catégorie », le caractère « minutieux, lentement élaboré et craintif » de son œuvre, et en souligne l'empreinte lyonnaise[42]. Quelques années plus tard, Max Jasinski a repris ce jugement sur les sonnets de Soulary, liés à la tradition mais « modernes par l'actualité des sujets et la qualité du style », « réussis parce qu'on y sentait l'adaptation parfaite de la forme à l'inspiration ». Et il conclut : « Soulary s'y montrait en effet d'haleine courte, enclin à rétrécir et à résumer, à l'aise et même au large dans la mesure prescrite, ouvrier laborieux plutôt que poète[43]. » Ce qui a fait le succès de Soulary auprès d'un public plus vaste,

---

39 Charles Baudelaire, *Correspondance*, texte établi, présenté et annoté par Claude Pichois, avec la collaboration de Jean Ziegler, Paris, Gallimard, coll. Bibliothèque de la Pléiade, t. I, 1973, retirage de 1993, p. 675-676.

40 Voir ci-dessous, p. 33.

41 *Lettres à Baudelaire*, publiées par Claude Pichois avec la collaboration de Vincenette Pichois, Neuchâtel, À la Baconnière, coll. Langages. Études baudelairiennes, 1973, p. 357.

42 Charles Baudelaire, *Œuvres complètes*, texte établi, présenté et annoté par Claude Pichois, Paris, Gallimard, coll. Bibliothèque de la Pléiade, t. II, 1976, p. 601.

43 Voir Max Jasinski, *Histoire du sonnet en France*, Douai, H. Bruyère, 1903, p. 205-206.

au XIXe siècle, est aussi ce qui peut nous éloigner de lui. La naïveté des *Deux Cortèges*[44], sonnet classique en son temps, admiré pour le parallélisme étudié de sa construction et pour son contenu édifiant, peut aujourd'hui faire sourire. Le penchant de Soulary pour la préciosité et l'affectation avait fait l'objet d'une attaque de la part de Jules Lemaître[45], en janvier 1885. Traité de « précieux », d'écrivain « laborieux » et médiocre, de « concettiste et de provincial », l'auteur des *Sonnets humouristiques* est coupable, selon Lemaître, de déformer le réel : « Toute chose, en passant par les mains de M. Joséphin Soulary, se rapetisse, s'amignote, s'amenuise, s'amignardise. Parfois, des idées qui avaient de la grandeur ou des peintures commencées d'un trait net, ferme, saisissant, se tournent en gentillesse, en pointe, en badinage grêle et vieillot[46]. »

L'éreintement de Jules Lemaître est peu généreux. Malgré sa propension pour les miniatures poétiques, Soulary reste l'un des grands explorateurs de la forme sonnet au XIXe siècle. Les *Sonnets humouristiques* sont un voyage autour de ce microcosme générique, un répertoire des physionomies formelles et thématiques que le sonnet peut assumer. On rencontre dans le recueil de Soulary des sonnets en octosyllabes, en décasyllabes ou, le plus souvent, en alexandrins, illustrant toutes sortes de schémas rimiques ; les sonnets réguliers s'entremêlent aux sonnets renversés (*Le Sonneur*, *Jours froids*, *Idylle*, *Abîme pour abîme*, *Le Phrénologue*), aux sonnets polaires (*Intus et in cute*, *La Rencontre*), aux sonnets doubles à vers-refrains (*Primula veris*, *Ultima ratio*[47]), ou encore aux sonnets

---

[44] Voir ci-dessous, p. 158-159. Voir aussi l'analyse de Jean-Jacques Nuel, *Joséphin Soulary poète lyonnais (1815-1891)*, *op. cit.*, p. 38-39.

[45] Jules Lemaître, « Poètes contemporains. Joséphin Soulary », *Revue politique et littéraire. Revue bleue*, 17 janvier 1885 ; recueilli dans *Les Contemporains. Études et portraits littéraires*, troisième série, Paris, Lecène et Oudin, 1887, p. 171-189.

[46] *Ibid.*, p. 181.

[47] Voir Alain Chevrier, « Iconicité et symétrie (II). Du sonnet double aux rimes palindromiques », *Cahiers du Centre d'études métriques*, n° 6, décembre 2012,

construits sur des répétitions, comme des antépiphores ou des épanadiploses (*Un soir d'été*, *La Grande Affaire*). Selon Claude Pichois, les compositions de Soulary témoignent d'une sobriété et « d'un sens de la forme qui veut cerner du plus près l'image et la pensée[48] ». Non dépourvues d'un intérêt littéraire, elles peuvent aujourd'hui être relues comme une étape importante de l'histoire du sonnet au XIXe siècle, ayant exercé une influence sur d'autres écrivains concernés par le renouveau des formes poétiques[49].

p. 101-116, ici p. 105-106.

48 *Lettres à Baudelaire*, éd. citée, p. 357.

49 C'est par exemple l'avis d'Albert Cassagne (*Versification et métrique de Charles Baudelaire* (1906), Genève, Slatkine reprints, 2012, p. 89-90) : « Il se peut, soit dit en passant, que Baudelaire, certainement influencé par Sainte-Beuve, l'ait été aussi par Soulary ». Voir aussi Dominique Billy, *Les Formes poétiques selon Baudelaire*, Paris, Honoré Champion, 2015, p. 336-339. Je remercie vivement Cécile Chevré pour son aide dans la préparation de cette édition.

NOTE SUR L'ÉTABLISSEMENT DU TEXTE

Nous donnons ici le texte de l'édition des *Sonnets humouristiques* publiée par Soulary en mai 1872 chez Alphonse Lemerre, à Paris, premier tome de ses *Œuvres complètes*, réimprimées jusqu'en 1886. Il existe deux versions de ce volume, avec quelques menues différences : nous adoptons la version intitulée, dans la page de titre : « Première partie – Sonnets humouristiques / (1847-1871)[1] », qui est la plus complète et probablement la plus récente. Notre édition ne contient pas les sonnets que Soulary a exclus de cette édition, ni les sonnets qu'il a publiés après 1872.

L'établissement des variantes a été effectué sur les manuscrits des sonnets qui se trouvent dans le fonds Michel Chomarat de la Bibliothèque municipale de Lyon, sur les préoriginales que nous avons pu retrouver et sur les éditions en volume des sonnets que Soulary a publiées de 1847 (première série des *Éphémères*) jusqu'à 1870 (*Les Diables bleus*). On se reportera à la bibliographie (ci-dessous, p. 263-269) pour repérer les éditions citées sous forme abrégée dans le relevé des variantes, en bas de page. À la fin du volume, une table des concordances permet d'identifier, pour chaque édition, les sonnets qui figurent aussi dans l'édition de 1872.

Nous avons modernisé la graphie (« poëme », « entr'ouvert », « rhythme », etc.).

---

[1] L'autre version de cette édition est intitulée : « Première partie – Sonnets / (1847-1871) ».

SONNETS HUMOURISTIQUES

LETTRE
DE SAINTE-BEUVE
À L'AUTEUR

Monsieur,

J'ai un remerciement, déjà bien ancien, mais bien sincère, à vous adresser pour le présent qui m'a été fait en votre nom par M. Delaroa[1] du charmant volume de vos admirables sonnets[2]. Je ne serai content que lorsque j'aurai dit tout haut ce que j'en pense[3].

J'ai quelque droit sur le sonnet, étant des premiers qui aient tenté de le remettre en honneur vers 1828[4] ; aussi, je ne sais si je mets de l'amour-propre à goûter cette forme étroite et curieuse de la pensée poétique, mais je sais bien (et je crois avoir écrit) que j'irais à Rome à pied pour avoir fait quelques sonnets de Pétrarque[5], et maintenant j'ajoute : – Quelques sonnets de Soulary. – Mais, hélas ! je m'aperçois que je n'ai plus de jambes.

Agréez l'expression de mes sentiments et de mes hommages comme à un vrai poète.

Sainte-Beuve.

Ce 8 janvier 1860[6].

DÉDICACE
À LA VILLE DE LYON

Une mère eut deux fils qui l'aimaient tendrement,
Mais qui se jalousaient d'instinct ; mal sans remède !
Du ciel, en ce conflit, comme elle implorait l'aide,
Son cœur fut inspiré d'en-haut, voici comment :

« Qu'on m'embrasse, – dit-elle à ces mignons farouches –
Vous, là, sur cette joue, et vous sur l'autre, ici. »
Et tandis qu'à la fois ils la baisaient ainsi.
Sur sa bouche elle fit se rencontrer leurs bouches,

Lyon retient de même en ses bras maternels
Deux jumeaux s'exécrant comme ennemis mortels ;
L'un se nomme Travail, et l'autre Rêverie.

Mais ce couple intraitable en moi s'est embrassé,
Du jour qu'entre eux ton front grave et doux s'est glissé,
Demandant le baiser d'amour, Cité chérie !

Joséphin Soulary.

PASTELS ET MIGNARDISES

I

PROLOGUE[a]

Non, je n'ai pas tiré des sables de l'Asie[b]
Le saphir translucide aux prismes constellés ;
Mais le long des sentiers où va ma fantaisie,
Des cailloux scintillaient, je les ai ciselés.

Dans un écrin splendide, et de forme choisie,
Un fin joaillier les a, par caprice, étalés ;
Grâce à lui, les voilà si bien dissimulés,
Qu'on les croirait – de loin – perles de poésie.

Veux-tu les rendre tels, même aux yeux prévenus ?
Dis qu'ils furent trouvés sur des bords inconnus,
Dans un tombeau gardé par certaine couleuvre ;

Et qu'il est constaté par un vieux manuscrit
Que le sage ignoré dont l'art les mit en œuvre
Est mort un siècle avant l'ère de Jésus-Christ.

---

[a] *Sonnets*, 1859 : « Prologue / À mon éditeur ».
[b] *Sonnets*, 1859 : « des sables d'or d'Asie ».

II

ENVOI DU LIVRE À UNE DAME

Une fine miniature
Mise en tête d'an vieux psautier
Représente au vrai l'aventure
D'une reine et d'Alain Chartier[7].

En lacs d'or s'y déroule entier
Ce distique primesautier :
A bousche accorte et source pure
Beauté qui beoit doint loz qui dure[8].

Sur la marge, en belle encre rose,
Est manuscrite cette glose
Qu'un écolier dut composer :

D'Alain m'aduienne l'heur estrange,
Vivroj, ne sçay, de la loüange,
Ains, pour seur, morroy du baizer[9].

III

LE SONNET[c]

Je n'entrerai pas là, – dit la folle en riant –
Je vais faire éclater ce corset de Procuste[d10] !
Puis elle enfle son sein, tord sa hanche robuste,
Et prête à contre-sens un bras luxuriant.

J'aime ces doux combats, et je suis patient.
Dans l'étroit vêtement qu'à sa taille[e] j'ajuste,
Là, serrant un atour, ici le déliant,
J'ai fait passer enfin tête, épaules et buste.

Avec art maintenant dessinons sous ces plis
La forme bondissante et les contours polis.
Voyez ! la robe flotte, et la beauté s'accuse.

Est-elle bien ou mal en ces simples dehors ?
Rien de moins dans le cœur, rien de plus sur le corps,
Ainsi me plaît la femme, ainsi je veux la Muse[f].

---

[c] *Les Éphémères*, III[e] série, 1857 : « Le sonnet. / À M. H. Valois ».

[d] *Les Éphémères*, III[e] série, 1857, *Sonnets*, 1858 et 1859 : « éclater cette robe trop juste » ; *Sonnets* 1864 : « ô Procuste ».

[e] *Les Éphémères*, III[e] série, 1857, *Sonnets*, 1858, 1859 et 1864 : « qu'à son beau corps ».

[f] *Les Éphémères*, III[e] série, 1857, *Sonnets*, 1858 et 1859 : « Ainsi j'aime la femme, ainsi j'aime la Muse ».

IV

RÊVES AMBITIEUX[g]

Si j'avais un arpent de sol, mont, val ou plaine,
Avec un filet d'eau, torrent, source ou ruisseau,
J'y planterais un arbre, olivier, saule ou frêne,
J'y bâtirais un toit, chaume[h], tuile ou roseau.

Sur mon arbre, un doux nid, gramen[11], duvet ou laine,
Retiendrait un chanteur, pinson, merle ou moineau.
Sous mon toit, un doux lit, hamac, natte ou berceau,
Retiendrait une enfant, blonde, brune ou châtaine.

Je ne veux qu'un arpent ; pour le mesurer mieux,
Je dirais à l'enfant la plus belle à mes yeux :[i]
« Tiens-toi debout devant le soleil qui se lève ;

Aussi loin que ton ombre ira sur le gazon,
Aussi loin je m'en vais tracer mon horizon. »
– Tout bonheur que la main n'atteint pas n'est[j] qu'un rêve !

---

g *Sonnets*, 1858 et 1859 : « Rêves ambitieux / À M. F. Terme ».

h *Manuscrit* : « paille » biffé.

i *Manuscrit* : « à l'enfant de mon cœur : "sous mes yeux, ».

j *Manuscrit* : « pas, est ».

V

LE FOSSOYEUR[k]

Pour chaque enfant qui naît ici-bas, Dieu fait naître
Un petit fossoyeur expert en son métier,
Qui creuse incessamment sous les pieds de son maître
La place où l'homme un jour s'abîme tout entier.

Connaissez-vous le vôtre ? Il est hideux peut-être,
Et vous tremblez de voir à l'œuvre l'ouvrier[l] ;
Par un regard si doux le mien s'est fait connaître,
Qu'à sa merci mon cœur m'a livré sans quartier.

C'est un bel enfant rose et blanc, sa lèvre est douce ;
De caresse en caresse à ma fosse il me pousse ;
On ne saurait aimer d'assassin plus charmant !

– Espiègle, as-tu fini ? Dépêchons ! l'heure approche !
Donne avec un baiser ton dernier coup de pioche,
Et dans ma tombe en fleur[m] pose-moi doucement !

---

[k] *Sonnets*, 1858 et 1859 : « L'amour fossoyeur / À Jean Tisseur ».

[l] *Les Éphémères*, IIe série, 1857 et *Sonnets*, 1858 : « voir le sournois ouvrier » ; *Sonnets*, 1859 : « voir l'inexorable ouvrier ».

[m] *Les Éphémères*, IIe série, 1857, *Sonnets*, 1858, 1859 et 1864 : « fleurs ».

VI

OARISTYS[n] [12]

Ils vont, beaux amoureux, côte à côte, en silence,
Les yeux baissés à[o] terre, et la main dans la main,
Sans songer qu'ils sont seuls, éloignés du chemin,
Et que la nuit s'abat sur la forêt immense[p].

Où vont-ils ? Où le cœur les conduit sans défense,
Impatients et doux sous l'aiguillon divin ;
Lui, du désir d'oser tout ému dans son sein,
Elle, tremblant qu'il ose et se livrant d'avance.

Ils n'ont rien dit encore, et tout est dit entre eux.
– La nature est discrète, enfants ! soyez heureux !
Et toi, Barde de Cô, souris, vieux Théocrite[13] !

Vois ! ton drame d'amour dure éternellement ;
C'est, depuis deux mille ans, la seule page écrite
Où le temps ait passé sans aucun changement !

---

[n] *Les Éphémères*, IIIe série, 1857, *Sonnets*, 1858 et 1859 : « Oarystis. / À Claudius-Antony Rénal » ; *Sonnets*, 1864 : « Oarystis ».

[o] *Les Éphémères*, IIIe série, 1857, *Sonnets*, 1858 et 1859 : « vers ».

[p] *Les Éphémères*, IIIe série, 1857 : « Que le bois s'emplit d'ombre, et que la nuit s'avance » ; *Sonnets*, 1858 et 1859 : « Que le bois s'emplit d'ombre, et que le follet danse ».

VII

SEMPERVIVUS

Son cœur est glacé, – disait-il –
Et s'il est mort, qui s'en soucie ?
Je vais en faire l'autopsie,
On le peut, je crois, sans péril.

Et l'espiègle, d'un dard subtil,
Va piquant la fibre transie,
Et mettant à nu chaque fil
De l'organe qu'il supplicie.

Nina passe, et, d'un doigt peureux,
Effleure ce point douloureux
Où le suc vivant s'élabore.

L'artère bat à ce toucher.
– Méchant ! dit-elle, il bouge encore ;[q]
Qui te pressait de l'écorcher ?

VIII

MALÈ OLENS[14]

Certain augure, un jour, sur son âme enfourché,
S'en vint du tribunal de Zeus gratter la porte.

---

[q] *Variétés*, annexe aux *Figulines*, 1862 : « – Méchant ! ce cœur-là bouge encore. ».

« – Père des Dieux, dit-il, pour le coup je t'apporte
Un cœur propre[r] à ta gloire, et digne de Psyché.

Vivace était sa chair, j'en ai fait une morte ;
Et rétifs ses liens, je l'en ai détaché ;
Contre le Mal, enfin, je l'ai si bien caché,
Qu'il n'a pris par ses sens plaisir d'aucune sorte.[s] »

« – Éros ! dit Jupiter d'un ton moitié moqueur,
Viens çà[15] ! tu t'y connais, regarde un peu ce cœur ! »
L'Amour, s'en approchant, du dégoût fit le geste :

« – Je suis dieu pour guérir, et non pour embaumer !
Chez les suicidés jetez-moi cette peste !
Ce cœur-là s'est détruit en se privant d'aimer ! »

IX

PRIMULA VERIS[t 16]

Que tout cœur aimant soit aimé !
Du bonheur féconde semence,
Le désir a partout germé ;
La saison des baisers commence.

La saison des baisers commence ;
Pour calmer le sang enflammé,
Qui fait battre l'artère immense,
Agitez le thyrse embaumé !

---

r *Variétés*, annexe aux *Figulines*, 1862 : « Un cœur fait ».

s *Variétés*, annexe aux *Figulines*, 1862 : « Qu'il n'a fait, par là-bas, écart d'aucune sorte ! ».

t *Sonnets*, 1858 : « Primula veris / À Madame Jeanne-Lucile Roland » ; *Sonnets*, 1859 : « Primula veris / À Madame Roland ».

Agitez le thyrse embaumé
Dont l'odeur grise l'Innocence ;
Domptés par ce sceptre charmé,
Les Dieux mêmes sont en démence !

Que tout cœur aimant soit aimé !
La saison des baisers commence ;
Agitez le thyrse embaumé ;
Les Dieux mêmes sont en démence !

Les Dieux mêmes sont en démence,
L'Amour s'offre tout désarmé ;
Agitez le thyrse embaumé !

Agitez le thyrse embaumé
Sur le front de l'Adolescence ;
La saison des baisers commence.

La saison des baisers commence ;
Pour qu'il en soit beaucoup semé,
Que tout cœur aimant soit aimé !

Pour qu'il en soit beaucoup semé,
Sur le front de l'Adolescence
L'Amour s'offre tout désarmé[17] !

X

ULTIMA RATIO[u]

Âme et chair n'ont plus de ressort ;
Le beau corps de l'Enchanteresse

[u] *Sonnets*, 1858 : « Ultima ratio / À M. Louis Guy, peintre ».

Comme un cep desséché se tord ;
L'hiver amène la vieillesse.

L'hiver amène la vieillesse,
Et l'homme use un dernier effort
À traîner le temps qui l'oppresse,
Neige au-dessus, dessous remord.

Neige au-dessus, dessous remord,
Vide à la tête, au cœur tristesse,
Dégoût de soi, terreur du sort :
Et cela s'appelle sagesse !

Âme et chair n'ont plus de ressort ;
L'hiver amène la vieillesse ;
Neige au-dessus, dessous remord :
Et cela s'appelle sagesse !

Mais non ! ce n'est point la sagesse,
C'est l'amour lassé qui s'endort ;
Neige au-dessus, dessous remord.

Neige au-dessus, dessous remord,
Vite, ouvrez, madame l'hôtesse :
L'hiver amène la vieillesse.

L'hiver amène la vieillesse,
Ha ! le bon gîte que la mort !
Âme et chair n'ont plus de ressort.

Ha ! le bon gîte que la mort !
Vite, ouvrez, madame l'hôtesse,
À l'Amour lassé qui s'endort !

XI

LES DEUX ROSES

Hier sous la verte tonnelle,
J'aperçus Rose qui pleurait,
Et, pleurant, de larmes couvrait
Une rose moins rose qu'elle.

« Qui peut te causer tel regret ? »
Dis-je à la blonde colombelle.
« Ah ! Monsieur, répondit la belle,
Entre nous c'est un grand secret !

Je passais là, lorsqu'une rose,
Celle-là que de pleurs j'arrose,
M'a dit de sa plus douce voix :

"Rose ouverte plus ne se ferme !"
Et mon cœur qui s'ouvre, je crois,
Au petit pâtre de la ferme ! »

XII

BOUTADE

Éloignons-nous de la cité,
Au balayeur elle est livrée.
N'entrons pas chez notre adorée,
Le coiffeur refait sa beauté.

Enfin, l'une et l'autre est parée ;
Quel éclat ! quelle majesté !
C'est à déposer à l'entrée
Ses sabots et sa privauté.

Parlez-moi du hameau sauvage
Où l'averse qui suit l'orage
Est le seul balai du chemin ;

Où Jeanne, en sa fraîcheur rustique,
Sent bon sans parfum cosmétique
Et rougit d'amour sans carmin.

XIII

LA DÎME[v]

Sous la treille aux grappes dorées,
Un buveur buvait en rêvant ;
Sur la treille aux feuilles lustrées,
Un oiseau rêvait en couvant

Dans le vin, déjà plus avant,
Plongeaient les lèvres altérées ;
Dans le nid aux perles nacrées
Déjà tintait un œuf vivant

Passe un vieillard à face jaune.
– « Çà[18], les heureux, faites l'aumône
Au vieux Sort, à l'éternel veuf ! »

---

[v] *Les Éphémères*, IIIe série, 1857 : « La dîme. / À mon ami A. Vingtrinier » ; *Sonnets*, 1858 et 1859 : « La dime / À M. Aimé Vingtrinier ».

Il dit, et, de sa main sévère,
Du buveur il répand le verre
Et sous l'oiseau fracasse l'œuf.

XIV

NESSUS[19]

Qu'une caresse encore attise une caresse !
Que le baiser succède aux baisers plus pressés ;
Je meurs de volupté ! mais ce n'est point assez ;
L'ivresse insatiable appelle une autre ivresse.

Ô soif inextinguible ! ô coupe enchanteresse !
Ma lèvre en vain retient tes doux bords embrassés ;
Ma jouissance expire en désirs insensés,
Et plus je te possède, et plus la soif me presse.

Qu'est-ce donc ? L'inconnu[w] m'attire plus avant !
Je voudrais, au bûcher, me consumer vivant,
Pour surprendre, en son dard, le secret de la flamme !

Je voudrais épuiser je ne sais quoi resté
Dans ce[x] vase où je bois jusqu'à satiété !
Je voudrais, ô Beauté ! m'assouvir dans ton âme !

[w] *Les Éphémères*, IIe série, 1857, *Sonnets*, 1858, 1859 et 1864 : « Et toujours l'inconnu ».
[x] *Les Éphémères*, IIe série, 1857 : « le ».

XV

RIMEMBRANZA[20]

Dis-moi tes premiers jours et leurs fraîches pensées,
Les beaux anges ailés qui planaient sur tes nuits,
Tes grands bonheurs d'enfant, tes grands petits ennuis,
Et tes illusions, fleurs au berceau laissées,

Et ces luttes du cœur, timides odyssées
Dont Clorinde plus mûre a souvent ri depuis,
Et ces amours craintifs à regret éconduits,
Folles ombres du Dieu par le Dieu remplacées.

Des choses d'autrefois ne me dérobe rien ;
J'aime à recomposer fil à fil ce lien
Qui jusqu'à l'infini me fait suivre ton âme.

Je suis comme l'avare au désir frémissant,
Qui, la main sur son or, étreint l'argent absent ;
Moi, j'ai soif de l'enfant en possédant la femme.

XVI

SACRA FAMES[y][21]

Sur ton sein, comme sur un nid,
Doux nid de la pudeur naissante

---

[y] *Les Éphémères*, IIe série, 1857 : « Sacra fames ! ».

Croise tes mains, vierge décente :
L'Ange au Nid veille et le bénit.

Vainement contre l'innocente
L'homme à Satan se réunit,
Le lis jamais ne se ternit
Que le Ciel même n'y consente.

Voici l'Amour ! – Que lui dis-tu ?
Il a compté sans ta vertu,
Il fuit sous ton regard limpide.

Victoire au Nid ! Dieu le défend !
Ah ! voici la faim ! – Pauvre enfant !
Ouvre tes mains !... le Nid est vide.

XVII

LÀ-BAS

Dans mon cœur indolent, prompt à se dessécher
Le souvenir d'hier laisse une trace à peine ;
Mais de ses bords lointains l'enfance me ramène
Un souvenir dont rien ne peut me détacher.

Paysage naïf, que j'aime à t'ébaucher !
Rends-moi ma sœur de lait, la brune Madeleine,
Et tous nos biens à deux, boutons d'or dans la plaine.
Nids chanteurs dans les bois, feux au coin du rocher ;

Et son beau taureau blanc, et Néra ma génisse,
Fiers lutins qui souvent, trompant notre œil novice,
S'égaraient par les blés qu'avait dorés Juillet ;

Et ce calme enivrant des blondes nuits sans voiles
Quand, sa main dans ma main, nous rêvions aux étoiles
Sur le seuil de la ferme où l'âtre pétillait.

XVIII

FLEURETTE

J'aperçois le moineau venir
Jusqu'à mon seuil piquer la graine ;
La bise noire se déchaîne ;
La neige aux branches va tenir.

Un jour d'été, – quel souvenir ! –
Nous traversions tous deux la plaine,
Arrachant des fleurs à main pleine ;
Tu boudais, et, pour te punir,

Je semai sur ta tête aimée
Toute une gerbe parfumée.
Il faisait si chaud, – souviens-toi –

Que, dans cette pluie étoilée.
Une fleurette d'*aimez-moi*[22]
Sur ton front demeura collée.

XIX

DES PAS SUR LE SABLE[z]

C'était un pied mignon, – pied de vierge, sans doute,
Mutin, cambré, furtif, se posant finement ;
Pour trouver Cendrillon au bout, le roi Charmant[aa]
Aurait suivi ce pied cent ans, de route en route.

Un pied, non, c'en était la marque seulement.
Je verrai Cendrillon, dis-je ; et, coûte que coûte,
Me voilà sur sa trace, et chaque pas ajoute
À la fée idéale un nouvel ornement[ab].

Je suivis cette empreinte, ainsi, durant deux lieues,
Tant qu'enfin j'arrivai près du lac aux eaux bleues ;
Le joli pied s'était arrêté juste au bord.

De retour, nul indice ; – à droite, à gauche, impasse !
Cendrillon s'était-elle envolée en l'espace ?
Le lac profond dormait, muet comme[ac] la mort !

---

[z] *Sonnets*, 1858 et 1859 : « Des pas sur le sable / À M. Armand Fraisse ».
[aa] *Les Éphémères*, IIe série, 1857, *Sonnets*, 1858, 1859 et 1864 : « le prince-amant ».
[ab] *Les Éphémères*, IIe série, 1857 : « agrément ».
[ac] *Les Éphémères*, IIe série, 1857, *Sonnets*, 1858 et 1859 : « Le lac dormait, profond, profond comme ».

XX

TOI, MOI

Toi, moi, – deux mots abstraits, deux volontés sans loi !
Qu'une accolade intime – un baiser – les unisse,
Et l'échange se fait, suave sacrifice,
Et soudain nous vivons, toi dans moi, moi dans toi.

Chacun reçoit des deux, chacun donne de soi ;
Dans ce trait d'union Dieu lui-même se glisse !
L'égoïsme est vertu[ad] dès qu'il a son complice ;
L'être est complet dès lors qu'il n'est ni toi, ni moi !

Tu voudrais voir, dis-tu, pour la vie éternelle,
Nos deux âmes se perdre[ae] en la même étincelle,
Si bien qu'on ne pourrait en séparer les feux.

Va ! laisse-les s'unir, mais non pas se confondre !
Que deviendrait l'amour, s'il ne pouvait répondre
À la soif de chacun dans l'ivresse des deux ?

XXI

MARY[af]

L'eau du bief[23] gémissait par l'écluse pressée.
Moi, rêvant de Mary qui trouble mon cerveau,

[ad] *Les Éphémères*, IIe série, 1857 : « amour » ; *Sonnets*, 1858 et 1859 : « béni ».
[ae] *Les Éphémères*, IIe série, 1857 : « fondre ».
[af] *Sonnets*, 1858 : « Mary / À M. Alphonse de Boissieu ».

Je pleurais tous mes yeux dans la nappe glacée !
Mary cueillait des fleurs au courant du ruisseau.

La scorpionne bleue, en chapelet tressée,
De ses vivants lapis lui formait un bandeau.
Sa tête se pencha, du poids du jour lassée,
Et sa lèvre de l'onde atteignit[ag] le niveau.

Elle but l'eau courante, et mes pleurs avec l'eau.
Mais, soudain, tout émue elle s'est redressée :
– « D'où me vient dans le cœur ce malaise nouveau ?

Mets ta main là, dit-elle, et vois qui m'a blessée ! »
— « Mary, je tiens le mal, et je suis le bourreau ;
Vous avez, en buvant, bu ma triste pensée ! »

XXII

UN MORCEAU D'ARCHÉOLOGIE[ah]

Quittez le blanc dortoir, filles du lieu céleste ;
Comme abeilles aux fleurs, bourdonnez au jardin.
Approchez, et voyez ! de l'Olympe mondain
La bêche a mis au jour un vestige funeste.

– « Quoi ! cet adolescent au regard un peu leste,
À la molle attitude, au sourire badin ? »
– « Armez-vous de cailloux, et le brisez soudain !
Sus au païen sans honte, à l'Amour immodeste ! »

[ag] *Sonnets*, 1858 et 1864 : « atteignant ».

[ah] *Sonnets*, 1859 : « Un morceau d'archéologie / À M. Édouard Laforge ».

– « Pitié[ai] ! nous en ferons un bel ange gardien !
À ce dos arrondi des ailes siéront bien ;
Un rosaire tiendra ses deux mains enchaînées. »

– « Ah ! ce marbre est de chair, cette chair est de feu ;
L'hypocrite ! il feindra de se vouer à Dieu,
Et sans en faire un saint vous vous serez damnées ! »

XXIII

L'ÉPOUVANTAIL[aj]

Sous son coquet chapeau de paille d'Italie,
Dès qu'elle se montrait, les moineaux, fol essaim,
S'en venaient picorer, dans le creux de sa main,
La cerise pour eux sur la branche cueillie.

Jamais cour plus fidèle et reine plus jolie !
La reine avait grand cœur ; sa cour avait grand-faim.
L'avare jardinier maugréait ; mais en vain
Il rêvait d'en finir avec cette folie.

Elle est morte. Un matin, le méchant jardinier
Du chapeau de l'enfant coiffe le cerisier.
Comme un épouvantail contre la gourmandise.

Artifice trompeur ! les oiseaux familiers,
Pensant revoir leur sœur, accourent par milliers.
Le cerisier, le soir, n'eut plus une cerise.

[ai] *Sonnets*, 1859 : « Grâce ».

[aj] *Les Éphémères*, IIIe série, 1857 et *Sonnets*, 1858 : « L'épouvantail. / À Mlle Marie-Anne-Aimée T… ».

XXIV

UN SOIR D'ÉTÉ

Un soir d'été, vaguant par un beau clair de lune,
Je fis rencontre ici d'un démon de beauté.
Était-ce une fleur pâle ou fraîche, blonde ou brune ?
Vraiment, on n'y voit pas si près, *un soir d'été.*

S'il en est une armée en simplesse[24] et fierté,
Ardente par nature et prude par fortune,
Vrai trésor d'amertume et de suavité,
C'était elle, – ou du moins sa sœur, *s'il en est une.*

Durant une heure, il plut du feu sur mes désirs ;
Mais l'aube vint fermer aux suprêmes plaisirs
Ce paradis des sens ouvert *durant une heure.*

Je ne crois pas aux sorts, cher[ak] lutin que je pleure ;
Mais ton ombre m'obsède et s'attache à mes pas[al],
Volupté ? je le crains ; Amour ? *je ne crois*[am] *pas.*

[ak] *Sonnets*, 1859 : « Je ne sais pas ton nom, cher ».
[al] *Sonnets*, 1859 : « et me suit pas à pas ».
[am] *Sonnets*, 1859 : « *sais* ».

XXV

LE GUETTEUR DE NUIT[an]

Comme un ange noir, sur le haut clocher,
Près du beffroi morne où pend sa guérite,
Le guetteur de nuit s'est allé percher ;
Écoutez sonner sa corne maudite !

C'est un beuglement qui pleure et palpite,
Tel, que rien d'humain n'en peut approcher,
Et tel qu'au damné dont la chair crépite
L'atroce torture en doit arracher.

Quand mugit ce son que minuit prolonge,
La cité[ao] qui dort fait un mauvais songe.
Qu'importe au guetteur si la cité[ap] dort ?

Sa douce promise est là-bas qui veille,
Et ce cri[aq], lugubre à troubler un mort,
Comme un chant d'amour chante à son oreille.

[an] *Les Éphémères*, IIIe série, 1857, *Sonnets*, 1858 et 1859 : « Le guetteur de nuit. / À Madame V… Devienne ».

[ao] *Les Éphémères*, IIIe série, 1857 : « ville ».

[ap] *Les Éphémères*, IIIe série, 1857 : « ville ».

[aq] *Les Éphémères*, IIIe série, 1857, *Sonnets*, 1858, 1859 et 1864 : « son ».

XXVI

INFLUENZA[ar][25]

Avant toi, j'ai foulé le sol où ton pied passe ;
Que de fois j'agaçai tes échos familiers !
Tes ruisseaux, tes bosquets, tes grottes, tes halliers,
En dépit de la tienne ont retenu ma trace.

Jeune fille, sais-tu que le temps ni l'espace
N'éteignent ces rayons nés de nous par milliers ?
Ces effluves pensants, atomes singuliers,
Survivent à nos corps quand la forme s'efface.

Où les sema le cœur, ils reviennent la nuit.
Voici le soir : prends garde ! en marchant tu soulèves
Ces esprits qui dormaient et qui furent mes rêves ;

C'est fait de ton repos si l'un d'eux te poursuit !
Tu languiras d'un mal impossible à décrire,
Et ta lèvre à jamais perdra son gai sourire.

XXVII

LA NOTE ÉTERNELLE[as]

Autrefois, par un jour de tiède renouveau,
Quand la terre se pâme au baiser qui la frôle,

[ar] *Sonnets*, 1859 : « Influenza / À Mademoiselle Caroline Fraisse ».
[as] *Papillons noirs*, 1858 et *Sonnets*, 1858 : « La note éternelle. / À C.-A. Rénal ».

J'allais couper au bois une branche[at] de saule
Dont j'évidais l'écorce en léger chalumeau[26].

Madeleine, le cou tendu sur mon épaule,
S'extasiait d'ouïr, par la voix du rameau,
La note gazouillante ainsi qu'un chant d'oiseau
Sous sa lèvre et la mienne éclore à tour de rôle

Aujourd'hui, Madeleine a des fils, beaux garçons ;
Dès qu'avril sème l'air de fleurs et de chansons[au],
Sous les saules branchus, près du lit des fontaines.

Ils s'en vont, deux par deux[av] avec leurs Madeleines,
Sur la flûte de Pan s'essayant à leur tour,
Continuer l'accord de l'éternel Amour.

XXVIII

SI PEU QUE RIEN

Ô la charmante poésie !
Ce rondeau, je l'avais tracé
Au bal, un soir, le cœur blessé
Par un soupçon de jalousie.

Sa place fut bientôt choisie,
Votre corset l'a tout froissé !
Dieu sait comme il y fut glissé !
Vous étiez à tel point saisie !

[at] *Papillons noirs*, 1858 : « J'allais au bois, cueillant quelque branche » ; *Sonnets*, 1858 : « J'allais au bois cueillir une branche ».

[au] *Papillons noirs*, 1858, *Sonnets*, 1858 et 1859 : « Quand le printemps éclate en rustiques chansons ».

[av] *Papillons noirs*, 1858, *Sonnets*, 1858 et 1859 : « deux à deux ».

Non, mon amour n'a pas changé !
Non, rien chez moi n'a corrigé
Des vers la douce fantaisie !

Relisons ce billet brûlant.
Ciel ! il y tombe un cheveu blanc :
Ô la méchante poésie !

XXIX

LA MÉRIDIENNE

À cette heure où le ciel allume sa fournaise,
Où le moissonneur las, sur les gerbes d'épis
Laisse aller au sommeil ses membres assoupis,
Je m'étais étendu, bâillant, sous un mélèze.

Or les grillons causeurs, devant leur trou tapis
Jasaient de moi : « Ce fat en prend bien à son aise ;
Quel travail a-t-il fait, pour que le jour[aw] lui pèse ?
L'ennui n'est pas fatigue, il est dégoût ; c'est pis. »

J'écoutais leurs[ax] discours, lorsqu'une pâquerette,
Dont mes doigts nonchalants fripaient la collerette,
Me dit, se rajustant toute pâle d'émoi :

« Qu'on soit semeur de grain ou faucheur de javelle[27],
Mon lit garde une place à qui le renouvelle ;
Mais toi, qui t'a permis de dormir près de moi ? »

[aw] *Papillons noirs*, 1858 : « soleil ».
[ax] *Papillons noirs*, 1858, *Sonnets*, 1859 et 1864 : « leur ».

XXX

LES TROIS FLEURS[ay]

Dans un réduit obscur, au soleil interdit,
Un liseron des champs monte en spirale verte.
Un œil guette la plante ; un cœur d'enfant bondit
Quand le bouton défait sa tunique entrouverte.

Une fleur blanche éclôt. – L'enfant se signe et dit :
« Je crois en Dieu ! La foi rend l'âme plus alerte,
Car elle a le secret de la douleur soufferte,
Du vouloir défaillant et du labeur maudit ! »

Une fleur bleue éclôt. – L'enfant sourit : « J'espère
Après des cieux meilleurs où, sous les yeux du Père,
Les enfants dans les fleurs s'ébattront tout le jour. »

Une fleur rose éclôt. – L'enfant, pâle, chancelle,
Et, la main sur son cœur : « Seigneur, soupire-t-elle,
Qu'ai-je besoin des cieux ? Tu me donnes l'Amour ! »

XXXI

INTUS ET IN CUTE[az] [28]

Le grésil frileux hérisse les mousses
Où je vous cueillais, rêve et muguet blanc.

[ay] *Sonnets*, 1859 : « Les trois fleurs / À Mademoiselle Caroline Fraisse ».

[az] *Papillons noirs*, 1858 : « Intus et in cute. / À M. G… nées Félicie B… » ; *Sonnets*, 1858 : « Intus et in cute / À Madame Ganneval, née F. Byron ».

L'âpre vent du nord, des mêmes secousses,
Bat l'âme oppressée et l'arbre tremblant !

Es-tu l'agonie, angoisse indicible ?
Es-tu le tombeau, nature insensible ?
Es-tu l'oubli morne, horizon de fer ?

– Ne crois pas au sol enchaîné de glace,
Ne crois pas au cœur mort à la surface :
L'éternel printemps couve sous l'hiver.

Dans le fond du sol ses haleines douces
Font germer le chêne au giron du gland ;
Dans le fond du cœur, son souffle indolent
D'un nouvel amour fait poindre les pousses.

XXXII

À ÉVA

Je t'ai connue, Éva, pas plus haute que rien,
T'ébattant au soleil comme une perdrix grasse,
Et dans ta nudité toute pleine de grâce,
Livrant aux yeux du jour ce qu'on cache si bien.

Te voilà grande et belle ; en ton noble maintien,
Tu marches devant moi comme une reine passe,
Imposant aux désirs égarés dans l'espace
Qui sépare à jamais mon souvenir du tien.

Va ! porte à ton époux ta saison blonde et rose ;
Mais ton passé mignard[29] est pour lui lettre close.
Quel charme il concevrait à te voir, comme moi,

Femme, enfant, tout ensemble, adorable mélange !
Femme, pour le bonheur de pécher avec toi,
Enfant, pour le plaisir de voir pécher un ange.

XXXIV

IDYLLE

Là-bas, sur l'églantier, aux premiers feux du jour,
Un bouton souriait dans sa métamorphose[ba] :
Une enfant, comme lui fleurette à peine éclose,
Dès l'aube l'admirait et lui faisait la cour.

De sa bouche à son sein le portant tour à tour,
L'enfant, le front penché sur le bouton de rose,
Prenait pour le charmer sa plus coquette pose,
Et lui disait tout bas des mots brûlants d'amour.

Puis sa lèvre mignonne, autre odorant calice,
Lutinant pour l'ouvrir la fleur qu'elle déplisse,
Au cœur du frais bouton cherchait à pénétrer.

Jeux cruels et charmants ! Cette[bb] lèvre mutine
Qui, pour aller au fond, déchirait[bc] l'églantine,
Me fait je ne sais quoi rêver et désirer[bd].

[ba] *Éphémères*, 1847 : « sa robe mi-close ».
[bb] *Éphémères*, 1847 : « Ah ! dans ces jeux cruels, cette ».
[bc] *Éphémères*, 1847 : « Qui, pour mieux l'aspirer déchirait ».
[bd] *Éphémères*, 1847 : « et soupirer ».

XXXIV

LA COLOMBE[be] [30]

La colombe à mort est blessée,
Mes plombs au cœur ont fait leur trou,
Le sang rougit[bf] le joli cou,
L'aile soyeuse pend, cassée.

Quand, d'un bond, je l'eus ramassée,
Maudissant l'adresse du coup,
Contre mes lèvres, comme un fou,
En pleurant, je la tins pressée.

Et le pauvre oiseau des amours
Me dit, entrouvrant ses yeux lourds :
« J'avais ainsi rêvé ma tombe,[bg]

Près d'une bouche et sur un sein.
Sèche tes pleurs, cher assassin,
Grâce à toi, je meurs en colombe ![bh] »

[be] *Les Éphémères*, IIIe série, 1857 : « La colombe. / À Mlle *** ».

[bf] *Les Éphémères*, IIIe série, 1857 et *Sonnets*, 1858 : « tache ».

[bg] *Les Éphémères*, IIIe série, 1857, *Sonnets*, 1858 et 1859 : « "Las ! pauvrette ! c'est fait de moi !" / Fit-elle en son mortel émoi. / "Mais un doux regard sur moi tombe, ».

[bh] *Les Éphémères*, IIIe série, 1857, *Sonnets*, 1858 et 1859 : « Et tes baisers couvrent mon sein. / J'ai vu pleurer mon assassin, / Je puis donc mourir en colombe !" ».

XXXV

LE VENDANGEUR[bi]

VITIS[31].

Le germe est floraison ; le bourgeon du provin
Sous des baisers plus chauds éclate[bj] et se parfume.

PUELLA[32].

L'enfance est puberté ; la sève en moi s'allume,
Et mon sein bat, gonflé du savoureux levain.

VITIS.

Le pampre[33] sent passer dans ses flots d'amertume
L'arôme avant-coureur de l'hydromel divin.

PUELLA.

Mon sang tumultueux bouillonne comme un vin
Dont l'intime ferment s'exhale en folle écume.

VITIS.

Petit faune ! la grappe est en maturité !

PUELLA.

Amour ! La jeune fille est en pleine beauté !

VITIS.

Mais le fruit te défie !

PUELLA.

Et la vierge te brave !

EROS.

Deux contre moi ! Montrons que le faible est rusé.
Sus au raisin, d'abord ! Dès qu'il m'aura grisé,
J'aurai, par lui, raison de cette enfant suave.[bk]

[bi] *Sonnets*, 1858 et 1859 : « L'amour vendangeur / À M. Louis Perrin ».

[bj] *Sonnets*, 1858 et 1859 : « Sous les chauds baisers d'août éclate ».

[bk] *Sonnets*, 1858 et 1859 : « PUELLA / Amour ! La jeune fille est en pleine beauté ! / Mais le fruit te défie, et la vierge te brave ! // Je saurai, dit l'enfant, si

XXXVI

PASTORALE

ANGELO.

Je viens attendre Hélène au fond de l'avenue ;
Je verrai son œil bleu me fuir en se baissant.

JUAN.

Sarah devait m'attendre : elle est déjà venue,
Et je sens son œil noir me brûler jusqu'au sang.

ANGELO.

J'aime son doux maintien, plein de grâce ingénue,
Et sa taille qui penche, et[bl] son sein languissant.

JUAN.

J'aime sa fougue ardente, à peine contenue,
Et sa fière poitrine où bat un cœur puissant.

ANGELO.

Sa voix calme en mes sens les fièvres inquiètes.

JUAN.

Sa voix déchaîne en moi les jalouses tempêtes.

ANGELO.

Mais sa pudeur m'impose, et je tremble d'oser.

JUAN.

Des scrupules craintifs son ardeur me délivre.

ANGELO.

Dans son dernier soupir, ô Dieux ! faites-moi vivre !

JUAN.

Dieux ! faites-moi mourir dans son premier baiser !

---

fluets soient mes doigts, / Si petite ma bouche, épuiser à la fois / Ton suc, ô doux raisin ! ton âme, ô corps suave ! ».

[bl] *Les Éphémères*, IIe série, 1857 : « sa taille indolente et ».

XXXVII

L'ANCOLIE[34]

Mon cœur est enterré sous ce grand noisetier.
– C'était un soir d'hiver ; il gelait sur la plaine.
Ma chérie, au retour d'une course lointaine,
Se frayait dans la neige un douloureux sentier.

Le sommeil la prit là. Succombant à la peine,
Elle croisa ses mains sur son cœur, pour prier.
On la trouva couchée au pied du coudrier ;
Mais la mort avait bu, d'un trait, sa douce haleine.

Le printemps est venu. L'arbre a son habit vert ;
Une fauvette a fait son nid sous le couvert,
Et, juste où fut le corps, s'élève une ancolie.

Je voudrais la cueillir ; mais je n'ose, j'ai peur
Que l'âme de l'enfant, palpitante en la fleur,
De nouveau ne s'exhale avec mélancolie.

XXXVIII

ÉPITHALAME[bm][35]

À minuit, je m'éveille, et, la tête obsédée
Par les traits de l'enfant que j'épouse demain,
Je crayonne à tâtons quelque adorable idée,
Sur le premier papier que rencontre ma main.

[bm] *Sonnets*, 1859 : « Épithalame / À M. Laurent Pichat ».

Les rimes du bonheur pleuvaient comme une ondée !
J'en étais à ces mots : « *Couronné par l'Hymen*[36],
L'amour est... » Le sommeil me surprit en chemin,
Et la phrase expira, dans un rêve scandée.

Le jour enfin paraît. Honte à l'amant qui dort ![bn]
Vite, achevons. Que vois-je ? – ô méprise risible !
J'avais écrit mes vers sur un billet de mort.

L'hémistiche, engagé dans le texte terrible,
Alignait, d'un seul trait, ces six mots alarmants :
« *L'amour est... décédé, muni des sacrements.* »

XXXIX

FLORES

Il aimait une enfant ; c'était folie à taire[bo],
Mais ses soupirs parlaient[bp]. – Il avait soixante ans ;
Elle, à peine dix-huit. Un matin de printemps,
Pour elle il butinait les primeurs du[bq] parterre.

Sur les pas de l'enfant mutine et volontaire,
C'était pitié de voir cet homme à[br] cheveux blancs
Voltiger, lourd phalène, et ses genoux tremblants
Dans d'allègres efforts se ployer jusqu'à terre.

[bn] *Sonnets*, 1859 : « Le jour vient. Avec lui s'éveille mon transport. » ; *Sonnets*, 1864 : « Le jour vient. Avec lui renaît mon beau transport. ».

[bo] *Les Éphémères*, IIe série, 1857 : « l'amour qu'il eût dû taire ».

[bp] *Les Éphémères*, IIe série, 1857 : « Ses soupirs en parlaient ».

[bq] *Les Éphémères*, IIe série, 1857, *Sonnets*, 1858 et 1864 : « il picorait aux rosiers du ».

[br] *Les Éphémères*, IIe série, 1857 et *Sonnets*, 1864 : « en ».

Que de rameaux coupés ! c'était[bs] deuil au jardin.
Pour l'Ève adolescente il eût fauché l'Éden.
Mais tout bouton qu'il[bt] offre, un doigt malin l'effeuille ;

Et l'espiègle, riant des débris qu'elle a faits,
Lui dit : « Laisse ton cœur et tes rosiers en paix,
La fleur perd son parfum dès que l'Hiver la cueille[bu]. »

XL

LA HUCHE[37]

Elle a mêlé le sel, l'eau, la farine bise,
Et dans le grand pétrin qui chante en ses flancs creux
Plongeant ses deux bras nus, potelés, savoureux,
Elle livre un assaut tout plein de mignardise.

La poussière du grain qu'en vapeur l'air tamise
Jette un nimbe d'argent sur l'or de ses cheveux.
Telle est une madone au profil gracieux,
Vue à travers l'encens qui s'élève à l'église.

Son buste s'abaissant, s'élevant tour à tour,
Sous de friands aspects dessine son contour ;
Son souffle en beaux ahans sort, et son sein fait hâte[bv].

[bs] *Les Éphémères*, IIe série, 1857, *Sonnets*, 1858, 1859 et 1864 : « Les fleurs tombaient, tombaient ; c'était ».

[bt] *Les Éphémères*, IIe série, 1857, *Sonnets*, 1858, 1859 et 1864 : « Mais chaque fleur qu'il ».

[bu] *Les Éphémères*, IIe série, 1857, *Sonnets*, 1858, 1859 et 1864 : « Elles sont sans parfum les fleurs que l'hiver cueille ».

[bv] *Sonnets*, 1859 : « La sang fouette sa joue, et son sein bat plus vite ».

Son jeune époux, du coin de l'œil la regardant,
Sourit, et pense en lui : « Le bon pain pour la dent !
Et qu'on prendrait plaisir à se tromper de pâte[bw] ! »

XLI

À LOUISE LABÉ[38]

Ne reprenez[39]*, Dames, si j'ay aimé !*
Quand de ton luth sortit cette prière,
Vis-tu d'avance, ô gentille cordière,
Nos prudes mordre à ton vers diffamé[bx] ?

Belle, poète, et d'humeur familière,
C'est trop de deux en notre âge gourmé ;
Tels sont joyaux, doux à voir, l'huis fermé,
Qui blessent l'œil s'ils sont mis en lumière[by].

Toi, courtisane ? Eh bien, soit ! sur ton front
Ce mot luira comme un royal fleuron.
Ce fut ta gloire, ô Sapho lyonnaise.[bz]

De courtiser le Génie, – un amant[ca]
À qui l'Amour peut dire chastement :
Baise m'encor, rebaise-moy et baise[40] *!*

[bw] *Sonnets*, 1859 : « L'amour pétrit la pâte, et la huche est bénite ».

[bx] *Sonnets*, 1859 : « Quand du lut souef issit cette prière, / D'ores vids-tu, Lovise la cordière, / D'un preude fiel ton los envenimé ».

[by] *Sonnets*, 1859 : « Belle, poëte, et de gente manière, / C'est trop de deux en nostre aage gourmé : / Tels sont ioïaulx, bons à veoir, l'huys fermé, / Qui naurent l'œil, mis ez vifve lumière ».

[bz] *Sonnets*, 1859 : « Toy, courtisane ? Ainsi soyt ! meint beau front / Porta ce mot comme un royal fleuron ; / Tu l'as faict sainct, ô Sappho lionnoise ! ».

[ca] *Sonnets*, 1859 : « Car le Génie est un divin amant ».

XLII

AU LECTEUR PRUDE

La peste soit du siècle timoré,
Butant au mot, mais passant bien la chose ;
Béat confit qui, d'un ton pénétré,
Blâme au dehors ce qu'en son for il ose !

Le temps n'est plus de la naïve glose
Au trait gaulois finement acéré.
Nous sommes vieux ; le rire mesuré
Grimace au coin de notre lèvre close.

Si dans ce livre, ô lecteur pudibond,
Tu rencontrais quelque vers vagabond,
Tunique au vent, trottant à l'aventure,

« Fi ! l'indécent ! » diras-tu furieux,
Qu'en saurais-tu, chaste ami, si tes yeux
Ne regardaient plus bas que la ceinture ?

PAYSAGES

XLIII

AU COIN DU FEU

Amis, laissons le Nord ébranler nos forêts.
En cercle autour de l'âtre où Trilby[41] s'égosille[a],
À la ronde passons ce cristal qui pétille
D'épanchements joyeux sous des flots de vin frais.

Causons de ces doux riens qui nous touchent de près ;
Entamons tour à tour un récit de famille,
Un souvenir d'enfance, où quelque jeune fille
Passe avec ses chagrins qui furent nos secrets.

Qui frappe ? – Un pauvre diable attardé dans la neige.
– Ouvrons-lui ; près du feu qu'il ait le premier siège ;
C'est peut-être, qui sait ? un Homère divin.

Le pauvre est, comme vous, fils du grand héritage :
Faites-vous pardonner d'avoir, dans le partage,
Avant qu'il fût levé, pris son or et son vin !

---

[a] Préo., 1847 et *Éphémères*, 1847 : « où le cri-cri babille ».

XLIV

DANS LA PLAINE

La prairie en flots verts déroule sa moisson,
La nature sourit au soleil qui décline,
Et dans les airs baignés de vapeur purpurine
Montent plus pénétrants le parfum[b] et le son.

Un éclair se dégage, intermittent frisson,
Du nuage embrasé qui baise la colline ;
De la terre et du ciel c'est l'étreinte[c] divine :
Terre et ciel, double pouls battant[d] à l'unisson.

La lune suit des yeux l'ombre lente qui rampe.
À l'orchestre, grillon ! luciole, à ta lampe[e] !
Reinette, aux joncs ! c'est l'heure où rôde le Lutin

Qui, s'ébattant le soir dans les grands foins, y creuse
Ce lit mystérieux où la vierge oublieuse
Retrouve sa ceinture en lambeaux le matin.

---

[b] *Les Éphémères*, IIe série, 1857, *Sonnets*, 1858, 1859 et 1864 : « les parfums ».

[c] *Les Éphémères*, IIe série, 1857 : « l'effluve ».

[d] *Sonnets*, 1858, 1859 et 1864 : « qui bat ».

[e] *Les Éphémères*, IIe série, 1857 : « À vos trilles, grillons ! Lampyre, à votre lampe ».

XLV

SUR LA MONTAGNE

Des sommets les plus fiers je touche enfin la crête.
Mais plus loin n'est-il pas un horizon plus beau ?
L'oiseau monte si haut au-dessus de ma tête !
Et je voudrais monter bien plus haut que l'oiseau !

Si haut que l'oiseau plane en l'azur sa conquête,
Il ne perd pas des yeux son nid dans ce rameau ;
Si bas que l'homme rampe au sillon qui l'arrête,
Ses yeux plongent toujours dans un azur nouveau !

Combien de cieux franchir encor, quelle étendue,
Pour atteindre à l'objet qui tente et fuit ma vue ?
– Comme l'oiseau, poète, abaisse ton regard !

Ce qu'au loin ton vol cherche est dans ce brin de mousse :
Dieu, dont le double aimant t'attire et te repousse,
S'il n'était que là-haut ne serait nulle part !

XLVI

DANS LES BLÉS

Dans l'orgue de la terre un bel hymne est chanté
Par la voix des blés mûrs que la faucille touche[f].
Quand Ruth[42] fuit, en glanant, votre regard farouche,
Cet hymne, ô moissonneurs, l'avez-vous écouté ?

---

[f] *Les Éphémères*, IIe série, 1857, *Sonnets*, 1858 et 1859 : « couche ».

L'Épi dit : union ! Le Grain dit : charité !
Et pourtant, ô Nature, on se bat sur ta couche !
Serait-ce que, depuis cinq mille ans qu'elle accouche,
La nourrice éternelle aurait trop enfanté ?

La Mère aux mille seins[43] veut être fécondée
Moins par le Froment brut que par l'active Idée ;
L'Égoïsme est la mort des germes assoupis.

Mais, semés par l'Amour, l'Amour les multiplie,
Et Dieu, pour notre pain quotidien, délie
Sa gerbe de progrès et sa gerbe d'épis.

XLVII

DANS LES FOINS[g]

Dieu ! qu'il fait bon, le long d'un ruisseau, sous les branches,
Au concert du grillon, ce rhapsode des prés,
S'étendre en plein midi dans les foins diaprés
De thym, de boutons[h] d'or, de trèfles, de pervenches[i] !

Surtout quand la faneuse, espiègle aux fines hanches.
Au teint bistre, à l'œil noir, aux cheveux mordorés[j],
Ployant sur le râteau ses reins vifs et cambrés[k],
Au fond d'un rire frais vous montre ses dents blanches.

---

[g] Préo., 1847 et *Éphémères*, 1847 : « Les foins » ; *Sonnets*, 1858 et 1859 : « Dans les foins. / À M. Louis Perrin ».

[h] *Sonnets*, 1858 et 1859 : « De joyeux boutons ».

[i] Préo., 1847 et *Éphémères*, 1847 : « De jaune amaryllis, de trèfle et de pervenches ».

[j] Préo., 1847 et *Éphémères*, 1847 : « aux longs cheveux dorés ».

[k] Préo., 1847 et *Éphémères*, 1847, *Sonnets*, 1858 et 1859 : « Sur le râteau mouvant ployant ses reins cambrés ».

Frais rire, blanches dents, foins aux chaudes senteurs,
Vous pénètrent les sens d'aiguillons tentateurs,
Et malgré soi l'on rêve à ces vallons d'Attique

Où le pâtre au flanc mâle et la nymphe aux seins nus
Sacrifiaient sans honte à la jeune Vénus,
Sur l'autel toujours vert de la Cybèle antique.

XLVIII

DANS LA GROTTE

Au seuil mystérieux tu restes interdite :
Au dehors tout est jour, au dedans tout est noir,
Et des formes sans nom te semblent se mouvoir
Sous ce dôme funèbre où pend la stalactite.

– C'est l'abîme, dis-tu, la caverne maudite
Aux portes de laquelle on doit laisser l'espoir !
Le corps égaré là, Dieu pourrait-il le voir ?
N'est-ce point trop caché pour qu'on y ressuscite ?

– Enfant ! si tu voulais, j'y mettrais le soleil ;
Ces parois t'ouvriraient un horizon vermeil
Par où fuirait ton âme au triple ciel ravie.

Entends battre mon cœur ! il te dit que l'Amour
Sait enchanter l'horreur du plus triste séjour,
Et dans la tombe même improviser la vie !

XLIX

DANS LES BOIS

Séculaires forêts, fatidiques royaumes
Où l'oracle impudent divinisait la Peur,
Place au fort bûcheron ! place au hardi sapeur
Qui fraye à la Raison sa route sous vos dômes !

L'esprit geint dans le bois ? frappons le bois au cœur !
Pratiquons la trouée, et chassons les fantômes !
Glissons le rayon d'or où vivent les atomes,
Jusqu'au nid du serpent, jusqu'au trou de l'Erreur !

Mais dans l'arbre immortel ne plantons pas la hache !
Sous le sol ténébreux en vain son pied se cache,
Son front, jusqu'au soleil, d'instinct s'est élancé.

Respect au chêne antique ! Il nous donne sa force ;
L'essaim céleste y fait son miel, et son écorce
Garde pour l'avenir les sèves du passé.

L

DANS LES VIGNES

De la vendange Octobre a publié le ban ;
Fillettes et garçons dès l'aube sont aux vignes ;
Le soleil paresseux fait les heures bénignes ;
Les belles grappes d'or alourdissent le plant.

Fou rire et chants joyeux éclatent dans les lignes ;
La ruse qui s'en mêle a brouillé plus d'un rang ;
On barbouille la lèvre, on rougit le sein blanc,
Et pour le soir, déjà, plusieurs se font[l] des signes.

L'Amour passe, et se dit : « Bon ! j'aime ces ébats[m] !
Cette année, on verra bien de joyeux faux-pas ;
Mais voici l'élixir pour amortir les chutes. »

L'Hymen[44] passe, et se dit : « Bon ! c'est affaire à nous !
J'aurai bien des combats, cette année, entre époux ;
Mais voici l'argument pour apaiser les luttes. »

LI

CHEZ L'HÔTESSE

Entrons. L'enclos est sombre, et l'hôtesse est gentille.
Le soleil déjà touche au zénith radieux ;
L'air est brûlant d'ivresse, et de la terre aux cieux
Un doux bruissement[n] comme un baiser pétille.

Ô Nature ! Ô Beauté ! Forme où le Dieu fourmille !
Que ne puis-je, épuisant ton sein délicieux[o],
T'enlacer tout entière en mes bras furieux[p],
Comme entre mes deux mains ce front de jeune fille !

---

[l] *Les Éphémères*, IIe série, 1857, *Sonnets*, 1858 et 1859 : « Et deux groupes, là-bas, déjà se font ».

[m] *Les Éphémères*, IIe série, 1857, *Sonnets*, 1858 et 1859 : « Bon ! ce sont nos ébats ».

[n] *Éphémères*, 1847 : « frémissement ».

[o] *Éphémères*, 1847, *Sonnets*, 1858 et 1859 : « voluptueux ».

[p] *Éphémères*, 1847, *Sonnets*, 1858 et 1859 : « T'étreindre tout entière en mes bras amoureux ».

Si l'Amour est la vie, ah ! je suis immortel !
S'éteindre quand l'encens a dévoré l'autel,
Non, ce n'est pas mourir ! Beau trépas, je t'espère !

L'hôtesse avait souri[q] de[r] ce transport divin ;
Mais, tandis qu'à la ronde elle verse le vin,
Une larme a glissé de ses yeux dans[s] mon verre.

LII

DANS LE HAMAC[t]

Dans le hamac mouvant comment ne pas songer,
Quand, sous vos pieds, la source en son lit clair babille,
Qu'on entend la cigale au vent jeter son trille,
Qu'on voit fuir le nuage et l'oiseau voltiger ?

Lorsqu'en passant, Mina, frais bouton bocager,
Vous agace d'un œil où le désir pétille,
En rêvant source, oiseau, nuage et jeune fille,
Comment ne pas dormir dans le hamac léger ?

Je dormis. – Au réveil, la source était tarie ;
Une vieille était là, marmottant comme on prie.
« Je fus Mina, dit-elle, et j'ai quatre-vingts ans ! »

– « Toi, Mina ? Mais, hier, ta lèvre était vermeille ;
Hier, cette eau coulait, ces lieux étaient plaisants ! »
– « Le bonheur est toujours d'hier », gémit la vieille.

---

[q] *Sonnets*, 1858 : « souriait ».
[r] *Éphémères*, 1847 : « souriait à ».
[s] *Éphémères*, 1847 : « sur ».
[t] *Les Éphémères*, IIIe série, 1857 : « Hier ! À M. E. Réveil. » ; *Sonnets*, 1858 : « Dans le hamac / À M. E. Réveil ».

LIII

DANS LES RUINES[u]

Un mystère à nous faire incessamment rêver,
Une énigme à glacer notre âme d'épouvante,
C'est de voir, étendu sur la terre vivante,
Le Passé que la Mort est en train d'achever.

Que d'empires à bas, qu'on ne peut relever !
Où chercher ces Babels que l'histoire nous vante ?
Quel pied a pu broyer, sous la poudre mouvante,
Ces jalons qu'en fuyant l'homme au Temps crut river ?

La Rome des Césars, l'Athènes des Satrapes,
De la retraite humaine ont marqué les étapes ;
Quelques rares traînards seuls en troublent la paix.

C'est la loi. Quelque part que l'Humanité passe,
Le Temps la suit, jetant du sable sur sa trace,
Pour que l'homme au berceau ne retourne jamais.

LIV

LE GUÉ[v]

J'étais derrière ce bouleau,
Lorsque, du gué gagnant l'issue,

---

[u] *Éphémères*, 1847 : « Ruines ».
[v] *Les Éphémères*, IIe série, 1857, *Sonnets*, 1858 et 1859 : « Stella ».

Sans te douter d'être aperçue,
Tu passais, hier, le ruisseau.

L'azur du ciel, au sein de l'eau,
Creusait sa sphère continue ;
On eût dit que ta jambe nue
Foulait un firmament nouveau.

Ton corps, dans ce riant mirage,
Semblait émerger d'un nuage ;
Un instant même j'ai pu voir

Sur ton front, comme au front d'un ange,
S'arrêter[w] l'étoile du soir ;
J'en garde encore un doute étrange.

LV

EN MER[x]

C'est assez tourmenter la rame vagabonde ;
La vague est si limpide, et le ciel est si clair !
Vois ces goélands[y] fuir au caprice de l'air ;
Laissons-nous fuir, comme eux, au caprice de l'onde.

Dormons, l'oreille close aux derniers bruits du monde
Rêvons, le cœur fermé pour tout regret amer !
La voix des nuits s'élève au-dessus de la mer :
C'est l'hymne de l'espoir ; que notre âme y réponde !

---

w *Les Éphémères*, IIe série, 1857 : « Scintiller ».

x *Les Éphémères*, IIIe série, 1857 : « En mer ! / À M. Alexis Rousset » ; *Sonnets*, 1858 et 1859 : « En mer / À M. Alexis Rousset ».

y *Les Éphémères*, IIIe série, 1857, *Sonnets*, 1858 et 1859 : « ces deux goélands ».

Demain, quand le soleil rougira l'orient,
Peut-être verrons-nous un œil nous souriant
Sur les bords inconnus d'une terre fleurie.

Amenons-y la barque, et, jusqu'au dernier jour,
Dans l'ivresse ineffable oublions[z] la patrie :
La patrie est partout où nous attend l'amour !

LVL

EN CHASSE[aa] [45]

Quand des oiseaux du Nord la tribu vagabonde
Revient avec octobre[ab] habiter nos forêts,
Je gagne, au point du jour, la clairière profonde,
Mon fusil sur l'épaule et ses deux coups tout prêts.

En chasse ! alloh ! alloh ! me[ac] dit mon chien qui gronde[46] ;
Mais les sombres fourrés ont de si doux secrets !
Dans la clairière en fleur la[ad] lumière est si blonde,
Les oiseaux si jaseurs, et les gazons si frais !

J'ai pris part aux ébats d'un lézard en maraude :[ae]
J'ai suivi dans les airs le vol d'une émeraude ;
Ébauché cette mare avec un saule au bord ;

---

[z] *Les Éphémères*, IIIe série, 1857 et *Sonnets*, 1858 : « l'ivresse du cœur oublions ».
[aa] *Les Éphémères*, IIe série, 1857 : « En chasse ! » ; *Sonnets*, 1858 et 1859 : « En chasse / À M. Antonin Louvier ».
[ab] *Les Éphémères*, IIe série, 1857, *Sonnets*, 1858 et 1859 : « septembre ».
[ac] *Les Éphémères*, IIe série, 1857, *Sonnets*, 1858 et 1859 : « En chasse ! en chasse ! allons, me ».
[ad] *Les Éphémères*, IIe série, 1857, *Sonnets*, 1858, 1859 et 1864 : « Et dans les éclaircis la ».
[ae] *Les Éphémères*, IIe série, 1857 : « J'ai remis sur sa voie un insecte qui rôde, ».

Bu dans un pli de feuille une goutte qui perle ;
Sifflé les airs du geai, de la grive et du merle.
Mon fusil s'est perdu sous l'herbe, – et mon chien dort.

LVII

L'ABRI

C'était an coin perdu dans le creux d'une haie,
Fouillis de sève et d'ombre au[af] pied d'un églantier ;
La clématite en fleur, que l'aubépine étaie,
S'évidait comme un dôme au-dessus du sentier.

C'était là mon désert, ma Thébaïde gaie
Lorsque j'étais enfant ; – c'était le monde entier !
Depuis l'heure où le ciel des premiers feux se raie,
Jusqu'au soir je rêvais, caché dans ce hallier.

Là, vous charmiez mon cœur, mes yeux et mes oreilles,
Rayons, bruits et parfums, enivrantes[ag] merveilles !
Eldorado naïf où l'enfant se blottit,

Sous ton ombre un seul jour ne puis-je encor m'étendre ?
Hélas, non ! je[ah] suis homme, et nul ne peut me rendre
Ma grande âme d'alors et mon corps si petit !

[af] *Les Éphémères*, IIe série, 1857 : « Fouillis d'ombre et de mousse au » ; *Sonnets*, 1858 et 1859 : « Un fouillis de verdure au ».

[ag] *Les Éphémères*, IIe série, 1857 : « indicibles ».

[ah] *Les Éphémères*, IIe série, 1857 : « Mais, hélas ! je ».

LVIII

LA LAITIÈRE[ai]

La Jeanne, ma laitière, est une fille accorte :
Dans sa lèvre jamais le rire n'est tari ;
Son œil est grand ouvert, son corset dru nourri,
Le contour a crevé l'étoffe, mais qu'importe ?

Je crois voir, le matin, lorsqu'elle ouvre ma porte,
Comme un tableau flamand de lumière pétri,
Tant les vertes senteurs du pacage fleuri
Circulent sur ses pas dans l'air frais qu'elle apporte.

Sa marche est un essor, sa voix une chanson.
Elle donne son cœur tout d'un trait, sans façon,
Comme un bouquet naïf aux rustiques mélanges.

Jeanne est ce fruit des bois, plein d'un suc abondant,
Dont les âpres tissus font jaillir sous la dent
Des parfums inconnus et des saveurs étranges.

LIX

LE VIEUX PAUVRE[aj]

Je vais par les chemins, à la garde de Dieu,
Glanant le grain tombé de l'immense corbeille,

[ai] *Les Éphémères*, IIIe série, 1857, *Sonnets*, 1858 et 1859 : « La Jeanne. / À Pierre Dupont ».

[aj] *Sonnets*, 1859 : « Un vieux drôle ».

Et, frelon voyageur qui n'a ni feu ni lieu,
Je bois largement l'air qu'on mesure à l'abeille.

Mon couvert est dressé sous le grand dôme bleu :
Allons ! pinson poète, enchante mon oreille !
Il n'est pas jour si noir qui ne me rie un peu :
C'est le cœur gai qui fait la nature vermeille.

J'espère en l'avenir, et bénis le présent ;
Il se peut qu'autrefois mon pas fût moins pesant,
Mais j'accourcis d'autant la route où mon pied saigne.

Pour ne regretter rien je n'ai rien désiré ;
Où la mort me prendra, là je m'endormirai,
Sans vouloir qu'après moi ce bon soleil s'éteigne.

LX

LE CASSEUR DE PIERRES
I[ak]

L'air est chaud comme une fournaise :
Le cantonnier, à tour de main,
De sa masse de fer qui pèse,
Casse la pierre du chemin.

Aujourd'hui le ciel est de braise,
Il sera de givre demain.
Pour lui, Père du genre humain,
Ton regard jamais ne s'apaise !

[ak] *Sonnets*, 1859 : « Le casseur de pierres / Au peintre Courbet / I ».

– Travaille et sue, ô pauvre serf !
Car la faim livide est le nerf
Qui tient le manche de ta masse !

Ton frère est riche, gros et gras ;
Le voici s'avancer là-bas[al] ;
Fais son chemin doux comme glace !

LXI

LE CASSEUR DE PIERRES
II[am]

Qu'il vienne, l'enfant préféré !
Frère, la route est aplanie.
Mais quoi ! sur ton front défloré
Siègent la fièvre et l'insomnie !

Dur travail, on te calomnie !
Tu me fais libre et rassuré,
Et par toi je tends à mon gré
Le bras de la Force infinie.

Quand le caillou que j'ai brisé
De ma sueur est arrosé,
Le sang plus calme à mon front monte.

Caillou brisé, souci porté,
Tout est route à l'Humanité ;
Le soir venu. Dieu passe et compte.

[al] *Les Éphémères*, IIe série, 1857, *Sonnets*, 1858, 1859 et 1864 : « Mais ton frère est si bien nourri ! / Voici venir son tilbury ».

[am] *Les Éphémères*, IIe série, 1857 : « II » ; *Sonnets*, 1859 : « Le casseur de pierres / Au peintre Courbet / II ».

LXII

L'OMBRE

Je vois encor la salle humide, à fleur de terre,
Aux lambris vermoulus, au plafond surbaissé,
Où, sans sourire aimant, mon enfance a passé,
Déjà grave avant l'heure, et pleine de mystère.

Le brouillard, sur la vitre en larmes condensé,
Voilait d'un crêpe gris les laideurs du parterre :
Un cep moussu grimpant sur un prunier cassé,
Et quelques liserons étranglant un aster.

Cependant mon aïeul, docte et sombre vieillard,
D'un pas sonore et lent, sur le parquet criard,
Allait et revenait, scandant des vers d'Horace.

Cette ombre à tout jamais m'a gâté ton beau ciel,
Terre antique des Dieux, des roses et du miel :
Le froid Caton[47] s'y montre, et Glycère[48] est sans grâce.

LXIII

LE BANC DE PIERRE

Scellez ce banc de pierre au seuil, contre le mur
Dont le pisé s'étage en rustiques assises,
Où le cep, jusqu'au toit, du pampre étend les frises,
Et, comme un lourd gland d'or, suspend le raisin mûr.

Dans son granit rosé, lamé de zones grises,
La fleur glauque s'unit à la conque d'azur ;
Des temps diluviens c'est un feuillet obscur
Dont l'enfant curieux traduira les devises.

Là se feront, le soir, les chroniques du jour,
La pluie et le beau temps, les jeux, les cours d'amour,
Sous les bénins regards de la lune immobile ;

Là s'assoira l'aveugle au bissac alourdi,
Dont le chien coutumier vient toujours, à midi,
Par l'huis entre-bâillé me tendre sa sébile[49].

LXIV

SUR L'ABÎME

Le Démon voyageur qui me tient sous ses lois
Certain jour m'emporta sur une haute cime ;
À mes pieds se creusait ce lumineux abîme
Qui met l'œil en défaut et l'oreille aux abois.

Satan ne me dit point, comme à Christ autrefois :
« Si tu veux adorer en moi le Mal sublime,
Je t'abandonnerai ce vaste fief du crime,
Cités, fleuves, déserts[50]… » Non, l'Esprit me dit : « Vois !

Vois comme au loin s'étend le champ de course humaine ;
Mais à quel bord[an] t'enfuir, sous quels cieux, où la Peine
Avant toi n'ait empreint son talon détesté ?

[an] *Sonnets*, 1859 : « quels bords ».

Crois-moi ! franchis d'un bond ce cirque du martyre ;
Penche-toi sur ce gouffre, et vas à qui t'attire ! »
– Et je fermai les yeux pour n'être pas tenté !

LXV

ADIEUX À LA CAMPAGNE[51]

C'est l'heure, il faut partir, ô Nature candide !
Bonne mère ! ton fils t'abandonne en pleurant ;
Mais, avant de rentrer au gouffre dévorant
Qui de ma vie a pris la part la plus splendide,

Laisse-moi voir encor ton sourire enivrant,
Baiser ton libre sol, fouler ton herbe humide,
Respirer tes parfums amers, et boire, avide,
L'air frais sur la montagne et l'eau vive au torrent.

J'emporte cette fleur, doux larcin de mes courses,
Et ce rubis péché dans le sable des sources ;
Que ne puis-je emporter tous tes biens avec moi !

Et surtout cette paix, baume à toute souffrance[ao],
Battement de ton sein qui chante l'Espérance,
Qui réveille l'Amour et qui donne la Foi !

[ao] *Les Éphémères*, IIe série, 1857, *Sonnets*, 1858 et 1859 : « Et surtout, oh ! surtout cette paix d'innocence ».

ÉPHÉMÈRES

LXVI

PROLOGUE

Éphémères d'un jour qu'en jouant je délivre,
Qui veniez par boutade au caprice du vent,
Vous que l'ennui de vivre a ramenés souvent,
Et le besoin d'aimer plus que l'ennui de vivre ;

Riens ailés, qu'êtes-vous pour alourdir un livre ?[a]
Vous ne m'avez coûté que le soin décevant[b]
De vous saisir au vol dans le ciel, en rêvant
À ces cieux de l'Idée où je voulais vous suivre.

Allez où vont vos sœurs, essaim du dieu vermeil,
Que fait naître et que tue un rayon de soleil ;
Aussi bien, ici-bas vous n'avez point d'asile.

L'abeille, en son labeur, vous suit d'un œil chagrin,
Et la fourmi, qui passe en charriant son grain,
Dit qu'en créant le Beau, Dieu créa l'Inutile.

---

[a] *Les Éphémères*, IIe série, 1857 et *Sonnets*, 1858 : « Vous n'avez rien coûté, pour autant je vous livre ; ».

[b] *Les Éphémères*, IIe série, 1857 et *Sonnets*, 1858 : « Vous n'avez rien coûté, que le soin émouvant ».

LXVII

À UN PROTE[c] [52]

Quand, du couteau d'ivoire, ô délicat lecteur,
Tu déchires la page, encor vierge, d'un livre,
Couché sur ta dormeuse, ainsi qu'un séducteur
Déflorant quelque amour que le hasard lui livre,

Sais-tu que la beauté dont ton regard s'enivre
Coûta neuf mois d'angoisse au pauvre correcteur ?
Faust seul ne ferait point qu'Homunculus[53] pût vivre,
Si Wagner ne veillait au creuset protecteur[54].

Salut, guetteur obscur de la phrase infinie,
Gardien du caractère, à la ligne enchaîné,
Qui fais pour notre gloire un travail de damné !

Ah ! sans doute, jadis, pur esprit d'harmonie,
Ton orgueil fut si[d] grand, que Dieu t'a[e] condamné
À lustrer ici-bas les plumes du Génie !

---

[c] *Sonnets*, 1859 : « À M. Pierre-Marie Bourgine / Le plus patient et le plus intelligent des Protes » ; *Sonnets*, 1864 : « À M. Pierre-Marie Bourgine ».

[d] *Sonnets*, 1859 : « bien ».

[e] *Sonnets*, 1859 : « ait ».

LXVIII

LA GRANDE AFFAIRE[f]

Quatre et quatre font[g] huit, et deux dix, et dix vingt.
– Ha ! si depuis ce jour où je tombai novice
À l'école, en quittant le sein de ma nourrice,
J'avais su déchiffrer l'hiéroglyphe saint

Qui, de la corne d'or multipliant l'hélice,
Fait sourdre un million sous le nombre[h] succinct,
Je n'aurais pas connu, Misère, ton supplice ;
La beauté m'eût aimé, mon créancier m'eût craint.

Le beau rôle, en effet, pour un cœur magnanime,
D'exhaler ses ardeurs centime par centime !
Le puissant élixir pour un corps qui s'éteint !

Et pour l'âme qui prie, ô la belle prière
Que celle qui des Cieux ouvre ainsi la barrière :
Quatre et quatre font[i] huit, et deux dix, et dix vingt !

---

[f] *Les Éphémères*, III[e] série, 1857 et *Sonnets*, 1858 : « La grande affaire. / À mon ami J.-F. Favre ».

[g] *Les Éphémères*, III[e] série, 1857, *Sonnets*, 1858, 1859 et 1864 : « sont ».

[h] *Les Éphémères*, III[e] série, 1857 : « sourdre les millions sous le chiffre » ; *Sonnets*, 1858 et 1859 : « sourdre les millions sous le nombre ».

[i] *Les Éphémères*, IIIe série, 1857, *Sonnets*, 1858, 1859 et 1864 : « sont ».

LXIX

L'INVISIBLE

La nuit, lorsqu'entre veille et songe, l'heure lente
Pose un pied sur le seuil des divins horizons,
Te surprenant penché sur ma tête brûlante,
À demi je me tourne en murmurant : « Causons ! »

Et j'entame le champ des superbes raisons :
Pourquoi la mort ? Pourquoi l'épine sur la plante,
L'ombre au jour, l'âpre au fruit, le suave aux poisons,
La Justice boiteuse et la Force insolente ?

Mais toi, m'enveloppant de tes bras tout-puissants,
Tu me baises au front, tendrement, et je sens
Ton baiser dans mon cœur entrer comme un langage ;

Oui, vraiment ! tu me dis : « Cher petit curieux,
Le jour est encor loin ; dors et ferme les yeux ;
Nos grands secrets d'amour ne sont pas de ton âge. »

LXX

L'ÉTAL

Le crochet à la main, la hotte sur l'échine,
Rôdeur sombre, où vas-tu[55] ? – Je vais pour les journaux
Chiffonner dans la geôle et sous la guillotine
Les rognures[j] sans nom que font les tribunaux.

---

[j] *Papillons noirs*, 1858, *Sonnets*, 1858 et 1859 : « triures ».

– Quoi ! l'âme qu'on flétrit, la chair qu'on assassine ?
À quels loups sers-tu donc ces mets, à quels pourceaux ?
– Dans un large banquet j'offre[k] ces bons morceaux
À la Société, la prude libertine.

Le crime a son haut goût qui tente les plus saints ;
C'est un succube noir qui chatouille nos seins
D'un prurit à la fois délicieux, atroce !

Nous sommes vertueux, oui ! comme ce molosse
Qui, d'un air dégoûté, près d'un étal passant,
Se gorge à pleins naseaux des effluves du sang !

LXXI

TROP HEUREUX[l]

Ulysse, un jour, songeait, tandis que Pénélope
Filait à ses côtés, l'œil chastement baissé ;
Il songeait aux périls de la mer, au Cyclope,
Aux noirs enchantements de la blonde Circé.

« Dieux Lares[56], pensait-il, plaignez un misanthrope
Que le repos condamne aux regrets du passé !
Le bonheur du foyer conjugal m'enveloppe
Comme un manteau de plomb ; j'en suis tout affaissé.

---

k *Papillons noirs*, 1858 : « royal banquet je sers » ; *Sonnets*, 1858 et 1859 : « large banquet je sers ».

l *Papillons noirs*, 1858 : « Trop heureux ! ».

Est-ce là l'ambroisie, ô Charités blasées[m],
Que vous versez aux bons dans les Champs-Élysées ?
Ne pourra-t-on vous fuir, cieux de l'Hymen[57] boudeur,

Où la Vertu placide exhale, en sa réserve,
Comme ces parfums doux, imprégnés de fadeur,
Qui remplissent l'amphore où le fruit se conserve ? »

LXXII

INQUIÉTUDE[n]

Soleil de mon pays, ton sourire est bien doux !
Tu mènes si gaîment les saisons tempérées !
Tu fais mûrir le pampre, et tu pares[o] pour nous
Les belles aubes d'or et les fraîches vesprées.

De tes mâles rayons les peuples sont jaloux,
Car tu mets aux seins blancs des artères pourprées ;
Et, pour boire l'extase en tes fleurs adorées,
Les papillons de loin se donnent rendez-vous.

D'où vient que pour te fuir mes désirs ont[p] des ailes ?
Vents et mers, portez-moi vers des plages nouvelles !
L'aigle a soif de voler, l'homme a soif de souffrir !

Moi, je[q] voudrais goûter cette saveur puissante
Que laisse au cœur le mal de la patrie absente,
Et mourir loin de toi du regret de mourir.

---

[m] *Papillons noirs*, 1858 : « ô voluptés blasées ».
[n] *Sonnets*, 1859 : « Inquiétude / À M. de La Saussaye ».
[o] Préo., 1858 : « dores ».
[p] Préo., 1858, *Sonnets*, 1859 et 1864 : « sont ».
[q] Préo., 1858 : « Oui ! je ».

LXXIII

SICUT DII[r][58]

Oui ! nous sommes des Dieux ! notre œuvre est solennel !
Chaque expiration de notre âme féconde
Dans le moule infini des mondes souffle un monde
Infini comme nous, comme nous immortel !

La pensée est ce jet constant dont l'être inonde
La sphère de son choix, son enfer ou son ciel ;
C'est le lotus sacré dont[s] l'Isis vagabonde
Sème ici-bas le champ de son rêve éternel[t].

La vie a beau courir, ses puissantes ondées
Dérivent constamment vers ce sol[u] des Idées
Où l'âme[v], après le temps, suspendra son essor :

Vive et splendide ici, comme un papillon d'or,
Là, ténébreuse et lourde, et pareille[w] au phalène
Qui bat le front des nuits de son aile incertaine.

---

r *Papillons noirs*, 1858 : « Sicut dei. / À M. Adrien Péladan » ; *Sonnets*, 1858 : « Sicut dii. / À M. Adrien Péladan » ; *Sonnets*, 1859 : « Sicut dii / À M. Adrien P. ».

s *Papillons noirs*, 1858 : « Le mystique lotus dont » ; *Sonnets*, 1858 : « Le magique lotus dont ».

t *Papillons noirs*, 1858 et *Sonnets*, 1858 : « du réveil éternel ».

u *Papillons noirs*, 1858 : « ce champ ».

v *Papillons noirs*, 1858 : « Ô l'âme ».

w *Papillons noirs*, 1858 : « semblable ».

LXXIV

L'ARAIGNÉE[x]

Elle file sa toile noire
Sur les rayons où sont rangés,
Dans le silence de l'armoire,
Mes livres par les vers rongés.

Là dorment, sans choix mélangés,
Mille auteurs nourris de grimoire[y],
Commentés, revus, corrigés,
Surtout corrigés – de leur gloire[z].

Dans une heure d'ennui, souvent
Je flaire un volume savant,
Et pour l'ouvrir mon doigt s'y pose ;

Mais l'araignée y tend son fil,
Et j'hésite. – Après tout, faut-il
La troubler pour si peu de chose ?

---

[x] *Papillons noirs*, 1858, *Sonnets*, 1858 et 1859 : « L'araignée. / À M. Gauthier, archiviste du département du Rhône ».

[y] *Papillons noirs*, 1858 : « Mille auteurs d'un crédit notoire ».

[z] *Papillons noirs*, 1858, *Sonnets*, 1858 et 1859 : « Aujourd'hui corrigés de gloire ».

LXXV

AUX SŒURS MILANOLLO[59]

Un jour l'abîme noir eut une heure sereine,
L'Éternel désespoir endormit ses fureurs ;
Le grincement fit place aux joyeuses clameurs ;
Une larme éteignit les feux de la Géhenne[aa].

Il passa sur les fronts une suave haleine,
Qui dérida le pli des antiques douleurs,
Et l'âme, secouant le plomb lourd de sa chaîne,
Prit son élan vers Dieu dans le parfum des fleurs.

Et là-haut, Dieu s'émut : « L'immuable Justice
Avait à votre orgueil mesuré le supplice ;
Qui donc vous rend à moi, maudits, race de fer ? »

Il dit, et son regard plongeant dans ses phalanges,
Il comprit et sourit. – Il lui manquait deux anges :
Beaux Anges, vous chantiez aux portes de l'enfer.

LXXVI

L'ANALYSE[ab]

Avant qu'il neige et qu'il grésille,
Je butine pour mon hiver

[aa] *Éphémères*, 1847 : ces deux derniers vers sont inversés.

[ab] *Sonnets*, 1859 : « L'analyse / À M. Victor de L. ».

De quoi mettre un rayon plus clair
Dans mon foyer où peu d'or brille.

Ronce, églantine et buis amer,
Cela flambe, rit et pétille ;
L'étincelle y court en éclair,
Le moindre souffle l'éparpille

À tamiser ce résidu,
Ton temps, ami, serait perdu :
Ce qui n'est rien ne peut rien rendre.

Laisse là cet œuvre, à quoi bon ?
Le cœur n'est pas dans un charbon,
La fleur n'est pas dans une cendre !

LXXVII

LA SPORTULE[ac][60]

Porte, enfant, cette robe à la jeune aulétride[61] ;
Au flûteur, son voisin, ce rhyton[62] d'or sculpté ;
Ce bronze, à ce danseur si beau d'obscénité ;
Ce collier, à ce mime aux épaules d'Atride[63] ;

Ce rubis, à ce fou dont la langue est sans bride ;
Ce bracelet d'onyx, à Giton[64] l'effronté ;
Ce vase, à ce vieillard qu'un blasphème déride ;
Cette amphore, au buveur qui ronfle à son côté.

[ac] *Sonnets*, 1858 : « La sportule / À M. Ant. Péricaud aîné ».

Ai-je bien partagé tous ces chers parasites
Qui font mes jours si pleins et mes heures si vites ?
J'oubliais ce poète ; – hé ! qu'il daigne avancer !

Ce n'est pas qu'il soit gai ; mais sa bouche est un livre :
Il ôte[ad] à mon cerveau l'embarras de penser ;
Esclave, jette-lui, d'ici, cet as de cuivre.

LXXVIII

À JULES NORIAC[65]

(Imité de l'allemand de L. Wihl[66])

Ton livre est un miroir dont l'éclat redoutable
Donne à l'humanité le singulier pouvoir
De porter sur soi-même un verdict implacable ;
Où blanche elle voit blanc, où noire elle voit noir.

Sage ou fou, qui pourrait sans honte et désespoir
Contempler, au vieux front du Siècle vénérable,
L'oreille de Midas, le grand sot de la Fable[67],
Poussant toujours plus longue et plus ignoble à voir ?

Certes, il est peint au vif dans la *Bêtise humaine*[68]
Ce monde où notre sens trébuche à tous les pas,
Qu'il soit pris de tendresse ou possédé de haine !

Quelque chose pourtant est logique ici-bas :
C'est l'Amour qui, fidèle, en ce chaos nous mène,
Sans doute justement parce qu'il n'y voit pas.

[ad] *Papillons noirs*, 1858 : « Qui ôte ».

LXXIX

LE TRAPPISTE

L'homme a beau marcher sous le vent,
L'Esprit noir tient toujours sa piste.
L'ennui du mal m'a fait trappiste,
Le Mort a saisi le vivant.

Moine ou lépreux, soit ! – Le couvent
Vaut le monde, et n'est pas plus triste :
L'un nous rudoie en nous sauvant,
L'autre en nous damnant nous assiste.

Ma chair jouit de se briser ;
Je mets de la rage à creuser,
Jour par jour, ma fosse profonde.

Couchons-y nos amours hideux !
Mais, pour dormir en paix, loin d'eux
Ouvrons-en vite une seconde !

LXXX

DEUS EX MACHINA

J'aime le parc ouvert aux longues perspectives,
Inondé de senteurs, de sons et de clarté,
Où, dans la solitude et la sérénité,
Passent d'un pied discret les Heures fugitives.

J'aime le livre d'or, le poème enchanté
Où le rythme du cœur éclate en notes vives,
Où, comme une alouette en pleine liberté,
L'âme attire d'en haut ses sœurs au nid captives.

Mais, dans la page ardente ou sous les massifs verts,
Que le maître du sol ou le maître du vers
Comme un paon vaniteux surgisse à l'improviste,

Adieu les beaux aspects, mensonges du regard !
Où j'admirais le vrai, je ne vois plus que l'art,
Et le Dieu disparaît devant le machiniste.

LXXXI

AU POÈTE ANSELME MATHIEU[ae][69] EN RECEVANT SON LIVRE : *LA FARANDOULO*[70]

Dieu fit l'esprit ailé pour qu'il s'enfuie
Aux horizons les plus étincelants ;
Mais où voler dans ces jours accablants
Où l'oiseau même en liberté s'ennuie ?

L'eau tombe à flots. Par la vitre qu'essuie
Mon doigt distrait, mes regards indolents
Musent en vain des venants aux allants :
Comme au dehors, au dedans c'est la pluie.

Le Rhône, en bas, chantonne et va son train ;
Et moi, je songe au repos souverain
Qu'offre son lit au rêveur las de vivre.

[ae] Préo., 1861 et *Variétés*, annexe aux *Figulines*, 1862 : « Au poète provençal Anselme Mathieu ».

Mais à ma porte on frappe. – Gai réveil !
Entrez, Messieurs l'Amour et le Soleil !
– Gentil poète, on m'apporte ton livre[af].

LXXXII

TRANSACTION

Mon hanap[71] est un vieux calice
Pris dans le sac d'un prieuré,
Où, sur le sein d'une novice,
Mon aïeul s'est désaltéré.

De père en fils, joyeux complice
De son rapt, en cet or sacré
Chacun de nous s'est enivré,
Qui de vin, qui de maléfice.

Quand j'y bois, j'ai la tête en feu !
Si les couvents brûlaient un peu,
J'y ferais, sang-Dieu, bonne prise !

On est franc, mais on a des mœurs :
Un jour ou l'autre, si je meurs,
Je rendrai ce vase à l'Église.

[af] Préo., 1861 : en bas, à gauche : « Lyon, 24 octobre 1861 ».

LXXXIII

LE CENTAURE[ag]

Lui, méchant ? Non ! c'est faux ! Sous le mors qui le gêne,
S'il blesse, en se cabrant, les oisifs d'ici-bas,
S'il écrase du pied, dans ses rudes ébats,
Les pédants, les faquins, les badauds, c'est sans haine !

Il est des horizons qui ne conviennent pas
À qui sent dans ses nerfs la fougue souveraine :
C'est que vers l'Infini l'instinct porte ses pas.
Au coureur indocile, enfants, livrez la rêne !

Bien ! L'espace et le ciel lui sont abandonnés ;
Sans plus craindre à présent ses bonds désordonnés,
Essayez son dos souple et son galop sonore ;

Et bientôt je vous vois, ivres du vent de feu
Qui vous chasse de terre et vous pousse vers Dieu,
Étreindre avec amour la croupe du Centaure !

LXXXIV

SUR UN LIVRE DE PATENÔTRES

La vie est une route étroite
Toute pleine d'encombrement,

[ag] *Les Éphémères*, IIIe série, 1857 : « Le centaure. / À X. Bastide » ; *Sonnets*, 1858 : « Le centaure / À Xavier Bastide » ; *Sonnets*, 1859 : « Le centaure / À M. Xavier B. ».

Où nous marchons en grand tourment,
Le Diable à gauche, et l'Ange à droite.

L'un dit : « Fais ta trouée ! Exploite
Le prochain comme un instrument ! »
– « Souffre ! dit l'autre, et ne convoite
Que la paix dans l'isolement. »

L'homme, entre eux, se débat et pleure,
Et tantôt crie à l'un : « Demeure ! »
Et tantôt à l'autre : « Va-t'en ! »

Mais le sage de tout s'arrange :
Par l'aile, il se retient à l'Ange ;
Par la griffe, il mène Satan.

LXXXV

ALPHA

Si j'avais un enfant, quand il serait en âge,
À la vie agissante ouvrant son cœur pieux,
« Va ! lui dirais-je, ami ! le travail est joyeux !
Sois un rude artisan, ne sois pas davantage !

Si parfois tu voyais, courbés sur une page,
Des enfants comme toi, dont le front soucieux
Pâlit, en épelant des mots mystérieux,
Plains-les ! car la science est leur amer partage !

Ce livre, ouvert pour eux comme le sol pour toi,
C'est une terre infâme où trébuche la foi
Embarrassée aux nœuds de la mère couleuvre ;

C'est la lande aux sabbats, où l'enfer tourne en rond,
Où chaque initié, baisant le bouc au front,
Du pacte de son âme enfin consomme l'œuvre ! »

LXXXVI

À JULES JANIN[72]

Sur sa traduction d'Horace[73]

Tu peux t'habiller, à ta guise,
De la toge ou du frac bourgeois :
L'Horace que ton art déguise
Garde au moins l'esprit d'autrefois.

Qu'on le serve en *us*[74], en patois,
Le vin d'Albe[75] toujours nous grise ;
Mais il gagne une pointe exquise
À passer par ton broc gaulois.

Aiguisant ses saveurs vieillies,
Ta verve ajoute à ses saillies,
Et le lecteur, buveur bénin,

Dit : « Qu'est-ce cru de fine race ?
Il est vieux, on dirait Horace ;
Il est jeune, on dirait Janin. »

LXXXVII

PEAU D'ÂNE

J'avais pris une Idée au vol, et, la couvrant
D'un axiome neuf, un peu lourd pour son aile,
J'allais en faire hommage au siècle indifférent ;
Mais, pensai-je[ah], à quoi bon ? cette Idée est si frêle !

– « Ne m'abandonne pas ! dit l'Idée en pleurant.
Je fus[ai] un pur Génie ; une loi trop cruelle
M'oblige à bourdonner de cervelle en cervelle,
Tant qu'un mortel m'épouse et me rende mon rang.

Cher penseur ! que l'amour à ton destin m'enchaîne !
Je t'ouvrirai le ciel des extases sans fin
Qui font tout oublier, le froid, la soif, la faim ! »

– « J'y pourrais échapper à la sottise humaine ?
Tu me plais, chère Idée, et je suis ton époux !
Vite, ouvre-moi ton ciel ! » – « À l'hospice des fous[aj] ! »

LXXXVIII

CALME PLAT

Que sert-il d'être forts, et d'avoir au cerveau
Cette foi qui nous pousse, ardents, à l'aventure,

[ah] *Papillons noirs*, 1858 : « pensais-je ».
[ai] *Papillons noirs*, 1858 et *Sonnets*, 1858 : « Je suis ».
[aj] *Papillons noirs*, 1858 : « Entrons donc chez les fous ».

Si le vent nous fait faute, et si, dans la mâture,
La voile inerte pend, inutile rideau ?

À quoi bon l'Océan sans bornes, si cette eau
Nous tient, comme un marais, captifs par la ceinture ?
Qu'importe le soleil, si l'œil de la nature
Ne luit jamais pour nous au front d'un ciel nouveau ?

Dors-tu, Seigneur ? Faut-il, Esprit des grands abîmes,
Un défi qui t'exalte aux colères sublimes ?
Vois ! nous dressons vers toi notre poing révolté !

Déchaîne enfin la foudre, et fais rugir la lame !
À la mort ! Mais luttons ! car notre âme est ton âme,
Et tu n'es pas le Dieu de l'immobilité !

LXXXIX

ABÎME POUR ABÎME[ak]

Camoëns[al][76] naufragé, son livre entre les dents,
Péniblement luttait sur ces[am] gouffres[an] stridents
Où chaque lame enfante une lame plus haute

Un alcyon[ao][77], rasant tout près de lui la mer,
De temps en temps frôlait son front comme un éclair,
Et lui criait : « Courage, enfant ! voici la côte !

ak *Sonnets*, 1858 : « Abîme pour abîme / À M. le baron de Kinner » ; *Sonnets*, 1864 : « Abîme pour abîme ! ».

al *Sonnets*, 1858 et 1859 : « Le Camoëns ».

am *Sonnets*, 1858 et 1859 : « les ».

an *Papillons noirs*, 1858 : « Luttait péniblement dans les gouffres ».

ao *Papillons noirs*, 1858 : « La mouette ».

Souvent j'ai vu Léandre[ap] épuiser son effort
Dans ces flots où d'Héro se lamente encor l'ombre[78] ;
Mais l'Amour[aq] est vaincu ! le Génie est plus fort ;
Sa foi creuse en sillons[ar] de feu la vague sombre !

Va ! nageur tout-puissant ! la gloire est sur le bord !
Plonge en cette autre mer aux orages sans nombre ;
Mais tu regretteras un jour celle où l'on sombre
Tout entier dans l'oubli, tout entier dans la mort ! »

XC

LE PHRÉNOLOGUE

Le siècle est un géant ! mais, dans mille[as] ans d'ici,
Plus rien n'en restera, qu'un squelette noirci
Parsemant le sol nu de ses froides épaves[at] !

Si, dans l'âge à venir, un Lavater[79] nouveau[au],
De ceux qui jugent l'homme à l'ampleur du cerveau,
Cherchait un spécimen du Titan sous ses laves,

Dans l'amas d'ossements vermoulus, en tous lieux,
Sous les couches d'humus, leur dévorant suaire,
Il fouillerait longtemps sans découvrir des yeux[av]
Un crâne où la puissance ait mis son caractère[aw].

[ap] *Papillons noirs*, 1858, *Sonnets*, 1858 et 1859 : « j'ai vu l'amour ».
[aq] *Papillons noirs*, 1858, *Sonnets*, 1858 et 1859 : « Mais Léandre ».
[ar] *Sonnets*, 1858, 1859 et 1864 : « en sillon ».
[as] *Papillons noirs*, 1858 : « cent ».
[at] *Papillons noirs*, 1858 : « le sol blanc de ses tristes épaves ».
[au] *Papillons noirs*, 1858 : « Si quelque Lavater, dans le siècle nouveau ».
[av] *Papillons noirs*, 1858 : « sans exhumer aux yeux ».
[aw] *Papillons noirs*, 1858 : « Un crâne se moulant en majesté sévère ».

Exhumant à la fin[ax], dans un coin solitaire,
La carcasse d'un rustre au front prodigieux;
« Voilà – se dirait-il – un des grands de la terre;
Celui-ci devait être un roi, – peut-être mieux! »

XCI

SUR *LES FLEURS DU MAL* DE CH. BAUDELAIRE[80]

Les anges ont fini leur temps sur cette terre;
Peut-être il en reste un, – quelque vieux séraphin
Montrant plus d'un accroc à ses ailes d'or fin;
– *Aussi, que venait-il faire en cette galère?*

Qu'elle remonte aux cieux, la harpe séculaire!
Avec sa gamme fade, aux arpèges sans fin,
A-t-elle du Seigneur désarmé la colère?
Après tant d'*oremus*[81], sommes-nous saints enfin?

Allons donc! grâce à vous, gratteurs de mandoline,
Quand le siècle est en rut, la Muse libertine[ay]
Verse un frisson béat dans ses sens déchaînés!

Notre cœur est pourri, mais notre oreille est chaste;
Et nous formons par vous je ne sais quel contraste
De Catons[82] libertins, de pudiques damnés![az]

[ax] *Papillons noirs*, 1858 : « S'il trouvait, à la fin »

[ay] *Papillons noirs*, 1858 : « la Muse, à la sourdine, ».

[az] Le 4 mai 1869, dans *Le Salut public*, Armand Fraisse cite une autre version de ce sonnet, dont voici les deux tercets : « Allons donc! grâce à vous, gratteurs de mandoline, / Quand le siècle est en rut, la ruse, sa méchine, / Promène un éventail sur ses sens déchaînés! // Si le cœur est pourri, les oreilles sont chastes, / Et l'on voit, grâce à vous, ces monstrueux contrastes : / Le forçat lit Berquin, l'ange est cher aux damnés? ».

XCII

PRÆTEXTA

La vie est un progrès en croissance divine.
Notre corps d'aujourd'hui n'est plus celui d'hier ;
Comme un pourpoint qui s'use au porter, notre chair
Se refait d'emprunts dus à toute chair voisine.

De là le disparate, et le louche, et l'impair.
Cet habit d'Arlequin s'accroche à toute épine,
Le ver s'y met, l'orage y mord, le temps le raine,
Le fil cède, et l'étoffe en maints crevés prend l'air.

L'âme aussi, cependant, change et se renouvelle ;
Mais, au rebours du corps qui se gâte et décroît,
Elle grandit, toujours plus robuste et plus belle ;

Tant qu'à la fin, rompant son fourreau trop étroit,
Elle quitte en un coin ce hideux rien-qui-vaille,
Et va là-haut chercher une robe à sa taille.

XCIII

AU POÈTE JEAN TISSEUR[ba][83]

Verse-t-elle toujours l'extase avec ses eaux,
La Néris nivernaise[84] ? As-tu vu la Naïade ?
Et, pour guérir ton âme, ô poète malade,
A-t-elle fait chanter ses flûtes de roseaux ?

Le pic démolisseur a brisé vos berceaux,
Gardiens caducs des prés, des bois, de la cascade ;
Le tunnel ténébreux éventre l'Oréade[85],
Et de la vieille Rhée[86] on voit à nu les os.

Y songes-tu, poète, alors qu'au pied d'un arbre,
Soutenant dans ta main ton large[bb] front de marbre,
Tu laisses dans le vide errer ton œil de feu ?

Rêves-tu de Néris ? Ha ! maudit ! je parie,
Tu rêves d'accoupler le triple front[bc] de Dieu
À l'infernal wagon de[bd] Satan-Industrie[87] !

[ba] *Les Éphémères*, IIe série, 1857 : « Au poète J. Tisseur / Aux eaux de Néris » ; *Sonnets*, 1858 et 1859 : « À Jean Tisseur / Aux eaux de Néris ».

[bb] *Les Éphémères*, IIe série, 1857, *Sonnets*, 1858 et 1859 : « pâle ».

[bc] *Les Éphémères*, IIe série, 1857 : « Esprit » ; *Sonnets*, 1858 : « éclair ».

[bd] *Sonnets*, 1858 : « Au gigantesque char de ».

XCIV

CONTEMPLATION

L'étoile au firmament s'ouvrait, fleur nuancée.
Sur le mamelon vert étendus tout du long,
Nous étions trois flâneurs flânant au ciel profond,
Nous étions trois fumeurs fumant notre pensée.

Nous regardions sa forme, un instant condensée,
S'accrocher aux clous d'or du céleste plafond ;
Nous enfantions d'un jet la Minerve élancée ;
Nous rêvions justement ainsi que les Dieux font.

Une heure ainsi passa. Sur nos pipes vidées
Nos fronts, vides aussi, vacillaient sans idées,
Tandis qu'au vent du soir, ivres de voluptés,

Nos trois âmes, ouvrant leurs ailes réjouies,
Nouaient et dénouaient des rondes inouïes,
Et narguaient en fuyant[be] nos trois corps hébétés !

XCV

UN GRAND PEUT-ÊTRE[bf]

Le sein ! l'enfant l'ignore aussitôt que sevré,
Cependant que du lait la force en lui demeure.

[be] *Papillons noirs*, 1858, *Sonnets*, 1858 et 1859 : « narguaient dans leur vol ».

[bf] *Variétés*, annexe aux *Figulines*, 1862 : « Un grand peut-être / À M. Marchadier aîné, à Cognac ».

Ainsi, du corps d'hier fraîchement délivré,
Peut-être ai-je oublié ma vie antérieure.

Je vis : donc j'ai vécu ! Je meurs : donc je vivrai !
Épuiserais-je tout dans un réveil d'une heure ?
Et mon Père infini m'aurait-il fait un leurre
De la soif d'infini dont je suis dévoré ?

Dans ces migrations où j'emporte sans trêve
Ton âme altière, Adam ! ta chair folle, ô belle Ève !
Je vous sens moins rivaux en moi de jour en jour,

Et comme en un creuset l'alliage s'épure,
Chaque fois qu'au tombeau je vous jette souillure,
Du berceau qui vous rend je vous dégage amour.[bg]

XCVI

UN RAYON

Je suis maudit ! ma femme est morte ;
La grêle a dévoré mon bien ;
La rage a fait crever mon chien ;
Mon ami m'a fermé sa porte.

Ma misère est vraiment trop forte !
À ce clou, j'irais pour un rien
M'accrocher, le diable m'emporte !
Heureusement on est chrétien.

[bg] *Variétés*, annexe aux *Figulines*, 1862 : « Du berceau, chaque fois, je vous dégage amour ! ».

J'ai beau souffrir, le soleil brille ;
Il dit bonjour à sa famille ;
Sa famille ! hé ! j'en suis, parbleu !

C'est l'œil du Père ; qu'il m'assiste[bh] !
On pleure, il rit, – ça calme un peu
Sans soleil, on est vraiment triste[bi] !

XCVII

LA CANNE DU VIEUX[bj]

Ô comme elle était faite à son pas, à sa main[bk] !
Son ivoire luit jaune, au bout elle est usée.
Ont-ils, l'un menant l'autre, arpenté de chemin !
Lui mort, comme une veuve elle s'est reposée.

Parfois, la regardant[bl], ma vue est abusée :
Elle grimace au vrai je ne sais quoi d'humain ;
Joue hâve, échine maigre et peau de parchemin ;
Son bois rend le bruit sec d'une toux épuisée.

Je pourrais la distraire, elle n'y consent pas.
D'aventure, une fois, je la pris sous mon bras ;
Mais, soit malice noire ou force d'habitude,

[bh] *Papillons noirs*, 1858 : « C'est l'œil du Père qui m'assiste ».

[bi] *Papillons noirs*, 1858, *Sonnets*, 1858 et 1859 : « Sans soleil, c'est vrai qu'on est triste ».

[bj] *Sonnets*, 1859 : « La canne du vieux / À mon ami Genod, peintre ».

[bk] *Papillons noirs*, 1858, *Sonnets*, 1858 et 1859 : « Elle allait à son pas ; elle était à sa main ».

[bl] *Papillons noirs*, 1858 et *Sonnets*, 1858 : « en la fixant ».

Quand sur le vieux bambou je voulus m'appuyer,
Je sentis mes genoux fléchir, mon dos ployer,
Et j'allai flageolant comme en décrépitude.

XCVIII

UN AUTOGRAPHE

Oui, le génie est dans la tête !
Mais le ventre est son souverain.
Jadis, il était un poète
Vivant d'art et mourant de faim.[bm]

Sa verve s'épuisait en vain.
À bout d'expédient honnête,
Au financier le plus prochain
Il rime une triste requête.

Sa tirade est[bn] mise au panier,
L'auteur défunte en son grenier ;
On l'enterre sans épitaphe.

J'ai vu vendre hier, au prix fou
De mille écus, cet autographe
Dont il ne put tirer un sou[88].

[bm] *Variétés*, annexe aux *Figulines*, 1862 : « – Ces oiseaux-là meurent de faim. – ».

[bn] *Variétés*, annexe aux *Figulines*, 1862 : « La supplique est ».

XCIX

AU CZAR[89]

La terre sort de son sommeil ;
L'air tiède épanouit la sève,
L'amour épanouit le rêve,
L'aube épanouit le soleil.

Triste printemps ! dolent réveil !
Car, là-bas, sur la morne grève,
La guerre épanouit le glaive,
Et le glaive le flanc vermeil !

Roi sinistre, en tes jeux moroses,
Tu fais saigner le front des roses
Et pleurer la voix des pinsons !

Vienne l'heure où le bourreau tombe,
Doux printemps, dérobe à sa tombe
Ton soleil, tes fleurs, tes chansons !

C

LE BAIN DE SANG

Rêve d'un Polonais : — Pour emplir la baignoire,
Cirque immense, où se plonge un malade puissant,
Un jeune peuple est là, les bras liés, qui sent
Le glaive blanc trouer sans fin sa veine noire.

Le sang généreux coule à torrents, et se moire
Des augustes reflets qu'y met l'âme en passant ;
Il monte, il monte tant, que la lèvre y peut boire
À longs traits, tout à l'aise, et rien qu'en se baissant.

Oh ! comme il boit ! – Soudain, de l'écume écarlate
Sort une voix sinistre ; en ces mots elle éclate :
« Où diable as-tu volé, compère, mon secret ?

Peste ! on prodigue ici cette liqueur vivante !
Tandis que moi, Satan, je n'en prends qu'à regret,
Car, même en plein enfer, son ivresse épouvante ! »

CI

L'EXPIATION[bo]

Je fus un pauvre agneau, docile et résigné,
Adorant la brebis dans un culte candide,
Donnant avec ma laine un « merci » bien timide,
Et léchant le bourreau dont la main m'a saigné.

Vivant, je me crus bon ; mort, je me vis stupide.
– « Reprends un corps nouveau[bp], dit mon ange indigné ;
Pour l'expiation, l'Éternel a daigné
Remettre au Temps le fil que le Sort te dévide. »

Et me voilà d'un souffle incarné dans un loup.
J'ai, pour me ruer droit au combat de la vie,
Une échine d'acier qui jamais ne dévie ;

[bo] *Sonnets*, 1858 : « L'expiation / À M. Paul Pourrat » ; *Sonnets*, 1859 : « L'expiation / À M. Paul P. ».

[bp] *Papillons noirs*, 1858, *Sonnets*, 1858 et 1859 : « un nouveau corps ».

J'ai les chiens en pitié, les serpents en dégoût ;
J'ai faim, j'ai froid, je mords, j'erre seul ; – qu'on m'assomme !
Je mourrai rude et fier ; – car l'agneau s'est fait homme.

CII

ET VIDIT QUOD ESSET BONUM[bq][90]

L'Homme a dit : « J'ai voulu tout savoir, je sais tout !
Dans mon domaine étroit je ne tiens plus en place ;
J'ai vécu tout mon temps, couru tout mon espace ;
J'ai la Vie en horreur et la Terre en dégoût ! »

La Terre a dit : « Mon sein s'appauvrit et se glace,
Et mon lait en poison pour l'homme se résout ;
La lèpre du péché, qui l'envahit partout,
S'étend jusqu'à mes os ; d'enfanter je suis lasse ! »

Le Ciel a dit : « L'éclair se rouille au glaive ardent,
Et l'Ange, au saint parvis, s'ennuie en attendant
Qu'un élu des élus commence enfin le nombre ! »

L'Enfer a dit : « Satan se fatigue à tasser
Le damné qui pullule au charnier qui s'encombre ! »
Le Verbe a dit : « Néant ! c'est à recommencer ! »

[bq] *Les Éphémères*, IIIe série, 1857, *Sonnets*, 1858 et 1859 : « Et vidit quia bonum. / À M. Antonin Terme ».

CIII

GÉNIE ET MATIÈRE[br]

Vieux Goethe ! ô front rêveur que le doute a plissé !
Quand l'âme de ton Faust par le trépas s'épure[91],
Tu dis le ciel ouvert et le pieux murmure
Du grand chœur séraphique autour d'elle empressé.

Mais ton tableau sur tous habilement tracé,
C'est Méphistophélès, démon de la luxure,
Pour les beaux chérubins pris d'une flamme impure,
Sous les roses d'Éden brûlant, mais terrassé.

Hé bien ! maître, j'ai vu mieux que ta belle page :
J'ai vu deux séraphins, vierges au doux visage,
Égarer[bs] dans nos murs leurs chants et leur candeur ;

Merveille ! et ces beaux fils *Protecteurs de la Scène*,
Ces Anges ténébreux du vil et de l'obscène[bt],
Les suivaient d'un regard presque saint de pudeur !

[br] *Éphémères*, 1847, *Sonnets*, 1858 et 1859 : « Génie et matière / Vers composés pendant un Concert des sœurs Milanollo ».

[bs] *Éphémères*, 1847 : « Promener ».

[bt] *Éphémères*, 1847 : « Et ces vieillards PROTECTEURS DE LA SCÈNE, / Ces Méphistophélès blanchis dans l'art obscène ».

CIV

IO HYMEN[92]

Beau sacerdoce en qui tout amour s'anoblit,
Vertu des temps passés, premier Dieu domestique,
Grave Hymen, qu'as-tu fait de ta splendeur antique ?
Vieux moribond ! la torche entre tes doigts pâlit !

C'est ton œuvre, ô railleur dont le rire avilit
Tous les saints préjugés, Siècle avare et sceptique
Qui ne vois dans la chair qu'un bien dont on trafique,
Dans l'âme, qu'un atour superflu pour le lit !

De l'union des cœurs a fui le doux mystère.
Oh ! fais-nous bien horreur, sacrement d'adultère !
Tu n'es plus qu'un long meurtre entre quatre verrous,

Un duel de forçats, sans trêve, ardent de haine,
Où, se froissant le sein l'un l'autre avec sa chaîne,
L'époux vise au repos par la mort de l'époux !

CV

LA PIPE[bu]

La Mort, aux champs d'Alma[93], vit une pipe à terre ;
La bouffonne, aussitôt, la porte entre ses dents :
« De cet arcane humain pénétrons le mystère ;
Leur démon familier serait-il là-dedans ? »

[bu] *Sonnets*, 1858 et 1859 : « La pipe / I ».

Elle dit. Et son ongle avive le cratère
D'où monte la fumée aux arômes mordants ;
Et voici qu'en tumulte, autour du crâne austère,
Tourbillonne l'essaim des vertiges ardents.

Feux intimes du cœur, de l'argile échauffée
Un effluve de vous sort à chaque bouffée !
La Mort fume et se grise, et rêve qu'elle dort.

Une clarté céleste[bv] inonde ses ténèbres,
Et l'on dit qu'en extase, agitant ses vertèbres,
La Mort gaîment cria : « Mensonge que la mort ! »

CVI

LE RÊVE DE LA PIPE[bw]

Flottez, ô visions que l'argile recèle !
Ouvrez-vous, horizons du radieux séjour !
Mort, faux aspect de l'être, Ombre, aspect faux du jour,
Découvrez le creuset où tout se renouvelle !

Espace et Temps, rentrez dans la sphère éternelle
Dont l'esprit créateur féconde le contour !
Sois immortelle, ô Forme éclose de l'amour !
Sois immuable, Idée où Dieu mit l'étincelle !

Blonde fée, ô Vapeur ! monte et berce nos sens ;
L'âme à son foyer pur vole avec ton encens ;
Monde-atome, elle étreint l'infini qui l'embrasse !

[bv] *Les Éphémères*, IIe série, 1857 : « divine ».
[bw] *Les Éphémères*, IIe série, 1857 : « II » ; *Sonnets*, 1858 et 1859 : « La pipe / II ».

Amis, fêtons la pipe où ces rêves se font ;
Et toi, sculpteur divin, creuse-la plus profond,
Pour que le doux mensonge y tienne plus de place.

CVII

LE FORMICA LEO[bx94]

Toi qui portes ton œuvre avec peine amassée,
Auteur laborieux, diligente fourmi,
Tremble que sous tes pas le sol mal affermi
N'ouvre la fosse où vit la Critique glacée.

En vain tu te débats sous sa boue entassée :
Un monstre au ventre plat qui paraît endormi,
Le Formica Leo, ton féroce ennemi,
Te happe, et dans ses crocs étrangle ta pensée.

Puis son scalpel s'attaque aux côtés les plus chers,
Plonge sous chaque fibre, et, retournant tes chairs,
Multiplie à plaisir l'assassinat qui navre.

Puis, quand il a sucé ton âme avec grand soin,
Il quitte à reculons son antre, et jette au loin
Ton œuvre disséquée, informe et froid cadavre.

[bx] *Éphémères*, 1847 et *Sonnets*, 1864 : « Le formicaléo » ; *Sonnets*, 1858 et 1859 : « Le formicaléo / À M. E. Hervé ».

CVIII

IN VINO VERITAS[by]

Mort à mon ennemi ! Demain, j'aurai son sang !
Buvons pour y penser. – Mais quoi ! je bois à peine,
Et déjà je me sens énervé dans ma haine ;
On dirait que mon cœur bat en s'élargissant !

Buvons ! – la vapeur monte, et le calme descend ;
En généreux élans mon âme se déchaîne.
Dieu ! mon pauvre ennemi peut-être est dans la peine !
Aussi, je fus bien vif ; – s'il était innocent ?

Le sang presse mon front d'une plus chaude étreinte ;
Éclate enfin, pudeur d'aimer, dure contrainte !
Buvons ! – J'ai de l'amour pour tout le genre humain !

Buvons ! – Cher ennemi, viens ! que mon sein te presse !
– Amis, rappelez-moi ce doux transport, demain :
Je veux payer à jeun la dette de l'ivresse !

CIX

DOUTE

Heureux qui, jusqu'à Dieu, sur l'abîme béant,
Élève par la Foi son aile aventureuse,

[by] *Les Éphémères*, IIIe série, 1857, *Sonnets*, 1858 et 1859 : « In vino veritas. / À M. Louis Perrin ».

Et qui n'a pas senti, dans la nuit ténébreuse,
L'aboi de son orgueil se perdre en son néant !

Humble nain, je n'ai pas cet instinct de géant :
Le vertige me prend, dès que mon regard creuse
Le mystère insondable où ma raison peureuse
S'égare dans le doute et butte en maugréant.

Aussi, las d'agiter l'énigme sans comprendre,
N'osant ni trop vouloir, ni pas assez prétendre,
À la garde de Dieu, je vais, peu m'importe où,

Indifférent au sort, pareil[bz] à cet homme ivre
Qui, vaguant dans la nuit, culbute au premier trou,
Sans plus se voir mourir qu'il ne s'est senti vivre[ca].

CX

LE FLÉAU

Si Dieu, te désignant pour bras de sa colère,
Te donnait à lancer quelqu'un de ces fléaux
Par qui se tord le monde en d'affreux soubresauts,
Que ferais-tu, Poète ? – « Horrible ministère !

Seigneur, ton œil fut doux à mon nid solitaire ;
Je bénis ton soleil, et j'ai soif de repos ;
Mais parle ! si la fièvre a desséché ses os,
S'il faut, pour la sauver, une crise à la Terre,

[bz] *Les Éphémères*, IIe série, 1857 : « Stupide indifférent, pareil » ; *Sonnets*, 1858 et 1859 : « Stupide voyageur, pareil ».

[ca] *Les Éphémères*, IIe série, 1857, *Sonnets*, 1858 et 1859 : « Sans se sentir mourir, sans s'être senti vivre ».

De peur de voir tomber trop de chers trépassés,
Je voilerai mes yeux baignés de pleurs glacés,
Comme un Ange de deuil qui traverse des fêtes ;

Et j'irai cependant, sûr d'un mieux inconnu,
Ô glaive du Très-Haut ! trancher le fil ténu
Qui te tient jour et nuit suspendu sur nos têtes ! »

CXI

LE SECRET DE DEMAIN[cb]

Sentir qu'on peut là-haut s'envoler à toute heure ;
Si le fil de la vie est trop enchevêtré,
Savoir qu'on peut, d'un coup, le trancher à son gré,
Et que nul, ici-bas, malgré soi ne demeure ;

C'est assez pour glisser en toute âme qui pleure
Un mouvement de joie à son deuil mesuré[cc] ;
C'est assez pour guérir un cœur désespéré :
L'Espérance elle-même a-t-elle un plus doux leurre ?

Ô Mort ! aveugle élan de l'être à l'inconnu !
Que de fois, pinson triste, aux ronces retenu,
J'ai médité le chant que ton plomb devait clore !

Mais cette voix toujours a fait trembler[cd] ma main :
« Enfant d'hier, sais-tu le secret de demain ?
Tu pourras bien mourir plus tard, attends encore ! »

[cb] *Éphémères*, 1847 : « Suicide ».

[cc] *Éphémères*, 1847, *Sonnets*, 1858 et 1859 : « Un joyeux mouvement par l'orgueil inspiré ».

[cd] *Éphémères*, 1847 : « tomber ».

CXII

LE ROMAN DE MŒURS

Des vices les plus bas érudit chroniqueur,
Ta main prête au scandale un prestige vainqueur,
Et l'Amour, oublieux de sa simplesse[95] antique,
Se tord dans tes écrits comme un épileptique.

Quand je vois fermenter l'incisive liqueur
Que tant d'art manipule à l'usage du cœur,
Je dis en moi : La Presse est la Nymphe impudique[ce]
Qui flatte avec la main quelque barbon cynique ;

Le Siècle est ce vieillard aux membres languissants.
À force de prurit elle exalte ses sens,
Et tend, à les briser, ses fibres émoussées ;[cf]

Et lui, se consumant en fureurs[cg] insensées,
Pour atteindre au Plaisir fait un suprême effort.
Vain espoir : le fantôme échappe[ch], – et l'homme est mort !

[ce] *Éphémères*, 1847 : « Je dis : la Presse, hélas ! c'est la nymphe impudique ».
[cf] *Éphémères*, 1847 : « A-t-elle assez tendu ses fibres émoussées ? ».
[cg] *Éphémères*, 1847 : « Lui, jaloux d'égaler ses fureurs ».
[ch] *Éphémères*, 1847 : « C'était trop : le plaisir échappe ».

CXIII

TE DEUM

Gloire au plus haut des cieux ! La bataille est gagnée !
Cent mille sont tués : sois loué, Sabaoth[96] !
Nos chevaux ont du sang par-dessus le sabot,
Et d'un fumier pensant la plaine est imprégnée.

Seigneur, es-tu content ? Pas de terre éloignée
Où la voix du canon n'ait fait sourdre un sanglot ;
Pas de chair qui n'ait eu, sous l'horrible[ci] saignée,
Quelque goutte[cj] figée en ce large caillot !

Sait-on le saint motif de cette rude guerre ?
C'est l'affaire du prince, et nous n'y songeons guère :
À la carte qui tombe on ne dit pas l'enjeu.[ck]

Qu'importe ? le bourdon sonne à pleines volées !
Ô veuves qui pleurez, ô mères désolées,
Voulez-vous bien sourire et rendre grâce à Dieu !

CXIV

PRO ARIS ET FOCIS[97]

Quand la moisson se meurt sous d'arides haleines,
Quand des peuples entiers, décimés par la faim,

[ci] *Sonnets*, 1858 et 1859 : « Qui n'ait son flanc rougi par l'horrible ».
[cj] *Sonnets*, 1858 et 1859 : « Et sa goutte ».
[ck] *Sonnets*, 1858 et 1859 : « Une fille de joie est peut-être l'enjeu ; ».

Comme un seul mendiant s'en vont tendre la main,
Du fond de quelque Irlande, aux Albions hautaines,

Dieu souffle avec le vent qui dévore leurs plaines
Les humides senteurs d'un rivage lointain.
« D'une mère épuisée abandonnez le sein,
Leur dit-il, essaimez ! vos[cl] ruches sont trop pleines.

Tout bord peut recevoir une tombe, un autel.
Pourquoi donc buvez-vous dans le lait maternel
L'égoïsme du sol comme une idolâtrie ?

Il n'est qu'un sol, le globe ; il n'est qu'un Dieu, l'Amour.
Confins des nations, croulez ! fuis sans retour,
Dernier culte imposteur, culte de la patrie ! »

CXV

À HORACE

Horace ! sur ton front nos Romains tresseront
La feuille d'olivier dont l'essence est divine.
Entre nous, que rapporte à la Muse Sabine
L'huile de l'olivier qui couronne ton front ?

Horace ! ton vin d'Albe[98] à l'Érato[99] chagrine
Donne une âme nouvelle, et rend le Dieu plus prompt.
Entre nous, combien vaut l'amphore Tiburtine[100],
Lorsque du passavant[101] elle a subi l'affront ?

[cl] *Éphémères*, 1847, *Sonnets*, 1858 et 1859 : « Essaimez ! leur dit-il, vos ».

Poète ! en t'élevant vers les sphères splendides,
Garde-toi d'oublier l'échéance des Ides.
Hélas ! les temps sont durs, et le Génie a faim !

Balance ton grand-livre entre deux épisodes ;
Horace ! j'ai souscrit : livre-moi tes Épodes[102] ;
Horace ! j'ai payé : voiture-moi mon vin !

CXVI

AMOUR ET VIEILLESSE

Oui, l'amour à vingt ans, l'amour est chose douce !
Tout s'y prête à souhait, ta novice beauté,
Et ton cœur, et ta tête, ô riche Puberté !
Heureuse sans remords, féconde sans secousse.

Mais, qu'un Nestor[cm][103] chétif et que la glace émousse,
Haletant sur un sein qui frémit de santé,
Jusqu'au bord du cercueil chasse à la[cn] Volupté,
C'est chose ignoble à voir, un forfait qui courrouce !

Ainsi le vent du nord, morose libertin,
Flétrit sans les ouvrir les roses du matin
Et c'est vous dont la lèvre abonde en saints adages !

Et vous dites : « Nos fils valent bien moins que nous ! »
Vous voulez nos respects ?… Ô vieillards, à genoux !
Polissons édentés, quand donc serez-vous sages ?

[cm] *Éphémères*, 1847 : « vieillard ».
[cn] *Sonnets*, 1858 et 1859 : « cherche la ».

CXVII

À UN POÈTE ÉLÉGIAQUE

Dans les notes en deuil d'une plainte touchante
C'est trop psalmodier ton romantique émoi.
L'être qui souffre est seul et doit souffrir pour soi :
Fauvette, il nous attriste ; aigle, il nous désenchante.

Hé ! qui n'a pas son faix de peine desséchante ?
C'est par l'épine au front que le Génie est roi.[co]
Meure enfin l'élégie ! Enfant, redresse-toi !
Ce n'est pas[cp] en pleurant que le poète chante.

L'harmonie est un vin qui met la vie au cœur.
Si tu n'eus que le luth pour outil de labeur,
Sois cher aux fronts courbés sous la tâche inégale

Fais-toi l'écho du Dieu qui rit à l'ouvrier[cq],
Soleil dans la campagne, amour dans le foyer ;
Sois la voix du travail, ô céleste cigale[cr] !

[co] *Éphémères*, 1847 : « Devant ce lot commun mal séant est le MOI ! ».
[cp] *Éphémères*, 1847 : « point ».
[cq] *Éphémères*, 1847 : « Chante le Dieu dont l'œil sourit à l'ouvrier ».
[cr] *Éphémères*, 1847 : « Chante-nous les beaux jours, ô joyeuse cigale ».

CXVIII

COMMUNION

Hommes de tous les temps, je communie en vous ;
Votre lèvre est au pain qu'à mon tour je morcelle ;
Notre âme s'alluma dans la même étincelle ;
Chacun y puise un germe, et nous y rentrons tous.

Le passé n'est qu'hier, et demain chante en nous.
Puisqu'au progrès tout être a laissé sa parcelle,
Accapare qui veut la vie universelle,
Pour le salut commun je prie à deux genoux[cs].

Éteins-toi, feu vengeur que l'ire sainte avive !
Je ne veux point du Ciel, s'il y manque un convive.
Justice, un seul pour tous ébranle ton niveau !

Fi du *Moi* ! quand bien même, au banquet de sa fête,
Toute l'humanité tiendrait dans une tête,
Qu'importe ! hé ! n'ai-je pas mon coin dans son cerveau ?

CXIX

AMOUR PATERNEL

Mon fils, j'ai disposé de toi sans ton conseil,
Et pour mon seul plaisir je t'ai créé. – Pardonne !

[cs] *Les Éphémères*, IIe série, 1857, *Sonnets*, 1858 et 1859 : « commun, moi, je prie à genoux ».

J'adopterai ton âme et la ferai si bonne
Qu'elle ornera ta chair comme un printemps vermeil.

Malheur à qui, troublant la vie en son sommeil,
A semé sans pudeur et sans plaisir moissonne,
Et se croit quitte envers l'enfant qu'il abandonne
S'il a mis sous sa tête un pain pour le réveil !

Respect aux jeunes fronts ! Siècles éteints, vieux hommes,
Notre course est fournie, et l'on sait qui nous sommes ;
Mais l'immense avenir afflue à leur[ct] berceau.

Au bord de cet abîme où ta candeur s'essaie
Si ma main te délaisse, ou si ma voix t'effraie,
Enfant, maudis ton père, il n'est que ton bourreau !

CXX

HERMÈS[cu]

La Terre souriait, coquette et fraîche éclose,
Sous le premier soleil qui flamboyait aux cieux.
Trop splendide est le jour, trop vive est toute chose ! »
Murmurait un archange en se couvrant les yeux.

« Germe, atome, élément qui dissout ou compose,
Du fond au bord tout luit d'un éclat radieux.
La clarté de l'effet resplendit dans la cause ;
Un peu moins transparent Éden me plairait mieux !

[ct] *Éphémères*, 1847 : « l'immense inconnu déborde leur ».

[cu] *Les Éphémères*, IIIe série, 1857, *Sonnets*, 1858 et 1859 : « Hermès. / À M. Victor de Laprade ».

Sur ton œuvre, ô Seigneur ! qu'un peu d'ombre s'amasse
Qui permette au regard d'embrasser la surface ! »
Et le Seigneur lui dit : « Adore mon dessein !

L'ombre est le mal ! Trop tôt l'heure sera venue,
Où la Nature en pleurs, honteuse d'être nue,
Devant l'Homme indiscret se voilera le sein ! »

CXXI

LE PIÉTON

Triste piéton da sort, irai-je loin ainsi,
Sous des cieux incléments, vers un but qui recule ?
Je suis à bout ! Jetons ce fardeau ridicule
Qu'en tous lieux sur ma route à plaisir j'ai grossi.

Débarrassons d'abord le cerveau qui me brûle :
À bas l'ambition, implacable souci,
L'orgueil infatué, l'intérêt sans merci !
– Sur le cœur, à présent, tout le poids s'accumule.

Qu'il soit libre ! Tombez, dures chaînes des sens,
Voluptés de l'amour, aiguillons renaissants !
– Mais un poids reste encore et qu'en vain je déplace.

– « Il te reste, ô piéton ! ton âme à soulager :
Jette bas à son tour ce corps qui l'embarrasse,
Et maintenant, au but vole d'un pied léger ! »

CXXII

À LUCINE[104]

Déesse prolifique, ô romaine patronne,
Par qui le flot humain doit ne jamais tarir,
Séculaire Accoucheuse, ardente à secourir
Et la beauté novice et la prude matrone !

À quoi bon tant de fils, si leur deuil t'environne,
Ô Lucine ! si naître équivaut à mourir ?
À quoi bon, si l'enfant, dès qu'il vit, doit souffrir[cv],
Et si la faim le prend quand ta main l'abandonne ?

Aux blasphèmes de l'homme, ah ! si[cw] ton cœur s'ouvrait,
Cruelle ! de longtemps ta main ne dénouerait
La ceinture pudique au flanc de sa femelle !

Vois donc ! l'air et le jour manquent où nous naissons ;
La crèche est encombrée, et pour dix nourrissons
La Nature s'épuise à tendre une mamelle !

CXXIII

LE CHEVAL DE MANÈGE

Ce coursier généreux, au rapide sabot,
Que son sang appelait à dévorer la plaine,

[cv] *Sonnets*, 1858 et 1859 : « si l'enfant pour le mal doit grandir » ; *Éphémères*, 1847 : « si l'enfant doit grandir pour souffrir ».

[cw] *Éphémères*, 1847, *Sonnets*, 1858 et 1859 : « Des misères de l'homme, oh ! si ».

Tourne dans un rayon de quelques pas à peine,
Comme une lente aiguille autour de son pivot.

Coureur de l'Infini, n'est-ce point là ton lot,
Poète emprisonné dans la machine humaine,
Que l'éternel circuit des jours de plomb ramène
Dans l'horizon d'un mur et sous le fouet d'an sot ?

Et j'ai dit au coursier : « Pauvre animal, mon frère !
Pour être plus que nous docile au sort contraire,
Pour accepter ainsi le joug que tu maudis,

Pour ne pas te briser la cervelle, en ta rage,
Quel espoir surhumain relève ton courage ?
Dieu t'aurait-il promis ta place en[cx] paradis[cy] ? »

CXXIV

À UN PEINTRE[cz]

Si j'avais à remplir le livre de tes jours,
Rien de terrestre, ami, n'en ternirait les pages ;
J'en bannirais surtout les leçons de nos sages,
Sophistes si légers, philanthropes si lourds.

Là-bas, peintre, là-bas sont les fraîches amours !
Laisse l'homme à sa chair et la boue à ses plages.
Vers l'Inconnu, pays des splendides mirages,
Poursuis ton Idéal aux radieux atours !

[cx] *Les Éphémères*, IIIe série, 1857 : « son ».

[cy] *Sonnets*, 1858 et 1859 : « ta part de paradis ».

[cz] *Éphémères*, 1847, *Sonnets*, 1858 et 1859 : « L'amitié dans les arts / Vers écrits sur l'Album d'un Peintre ».

Si ton cœur est naïf, si ta pensée est pure,
Il ne te manque rien, enfant de la nature,
Rien qu'un frère en génie, ami de tes pinceaux.

L'art est l'hymen des dieux, mais il veut des cœurs dignes :
Les grandes amitiés, comme les belles eaux,
Par droit de pureté n'appartiennent qu'aux cygnes[da].

CXXV

DATE PŒNAS[105]

Dans un vers insolent, qu'Archiloque[106] eût signé,
Chez mes frères souvent j'ai flagellé le vice ;
Mais ce fut de ma part hypocrite malice :
Mon cœur pervers mentait à mon front[db] indigné.

Moins irrité du mal que jaloux d'un complice,
Dédaigneux des plaisirs dont j'étais dédaigné,
Ma vertu ne fut rien que dégoût résigné,
Impuissance d'orgueil tranchant de la justice[dc].

Mais le remords me presse, et je veux librement
Mesurer à ma faute un digne châtiment.
Seigneur, de tes élus rejette ce coupable,

[da] *Sonnets*, 1858 : « La vie alors se double, et l'amitié ressemble / À ce lac de cristal, où deux cygnes ensemble / Voguent aux mêmes vents, boivent aux mêmes eaux » ; *Éphémères*, 1847 et *Sonnets*, 1859 : « La vie alors se double, et l'amitié ressemble / À ce lac solitaire où, se berçant ensemble, / Deux cygnes voyageurs boivent aux mêmes eaux ».

[db] *Sonnets*, 1858 et 1859 : « Mon cœur était pervers et mon front ».

[dc] *Sonnets*, 1858 et 1859 : « Mon orgueil s'érigeait en suprême Justice » ; *Sonnets*, 1864 : « Rien qu'impuissant orgueil tranchant de la justice ».

Et le relègue à part dans un monde ignoré ;
Encore y sera-t-il trop heureux à son gré,
Si toute bête y vit, – excepté son semblable !

L'HYDRE AUX SEPT TÊTES

CXXVI

L'HYDRE[a]

Poètes au bras fort, rois nerveux de l'arène,
À vous la lourde épée, arme du vrai danger !
Timide picador, je prends le dard léger
Qui pince l'épiderme en l'effleurant à peine.

Le moment est venu, l'Hydre a rompu sa chaîne,
Et dans nos rangs, partout où son œil peut plonger,
Elle guette, à coup sûr, une proie à ronger.
Haut le bras ! haut le cœur ! le monstre en vaut la peine.

Il a beau, loin du jour, se blottir à l'écart,
Et mettre un feu bénin dans son fauve regard ;
Il a beau dans la fange enfouir ses sept têtes,

J'entame l'escarmouche, et je vais l'agaçant.
Si le monstre affolé s'éveille en rugissant,
Pour l'abattre d'un coup tenez vos lames prêtes.

[a] Préo., 1847 et *Éphémères*, 1847 : « Prologue ».

CXXVII

SUPERBIA

Tu n'échapperas pas ! De près je veux connaître
Le dessous de ton[b] masque, orgueilleux parvenu.
À bas ces oripeaux ! ça, qu'on se mette nu !
Fi ! sottise et laideur ?... J'en étais sûr, beau maître !

Chemise de Nessus[107] que l'impudeur pénètre,
Orgueil ! quand sur sa chair un rustre t'a tenu,
Il lui passe à la tête un vertige inconnu,
Des accès de démence à changer tout son être.

C'est l'homme de Stamboul, d'opium enivré :
Dans les champs de l'extase un moment égaré,
Loin du sol il s'élève, il plane, il est splendide ;

Qu'une chute à propos lui rende la raison,
C'est pitié de le voir, tant l'étrange poison
Lui laisse le front lourd, l'œil vague, et l'air stupide !

CXXVIII

AVARITIA

Volontaire martyr de l'éternel Souci,
De lui-même il se voue à l'âcre pénurie ;

---

[b] Préo., 1847, *Éphémères*, 1847, *Sonnets*, 1858 : « Ce que cache ton » ; *Sonnets*, 1859 : « Quel envers à ton ».

Il ne veut ni plaisirs, ni parents, ni patrie ;
Malheureux à cœur fendre, il a tout à merci !

Un beau jour, desséché de faim, de froid transi,
Il recompte son or, le pèse et l'apparie,
Quand sa main se desserre, et qu'une voix lui crie :
« Holà ! drôle ! un moment ! n'emportons rien d'ici !

Ouvre la main ! la main rapace et convulsive
Qui, palpant chaque écu d'une étreinte lascive,
Pièce à pièce dans l'ombre empilait le remord !

L'autre, à présent ! la main gorgée outre mesure
Des larmes de la veuve et des gains de l'usure !
L'autre ! l'autre ! – Harpagon, crois-tu voler la mort ? »

CXXIX

INVIDIA[108]

Nous avons du serpent la haine et l'œil oblique,
Et le venin mortel, et le pas sinueux ;
Malheur à qui veut fuir notre niveau boueux :
Nous tuons son essor d'une dent colérique !

Serions-nous donc marqués au sceau diabolique ?
Et, maudits, sans retour[c] déshérités des Cieux,
Saurions-nous que jamais sur nos reins tortueux
La gloire ne fera pousser l'aile angélique ?

---

[c] Préo., 1847, *Éphémères*, 1847 : « Et, damnés sans retour, ».

Mais non ; chacun de nous aspire au noble vol.
Laisse donc, ô jaloux, l'aigle[d] quitter le sol,
Et, luttant de désir, gagne avec lui les nues !

Tu ne peux ? mais essaie ! as-tu la volonté ?
Courage ! l'aile pousse ; – as-tu la charité ?
Vole ! vole à ton tour, tes ailes sont venues !

CXXX

LUXURIA

Il est vieux, donc blasé ; servez-lui des primeurs !
Satyre infirme, il chasse aux amours impubères ;
L'œil au guet, quand la faim détend les bras des mères
Sur l'enfant nu qui tombe il distrait ses fureurs.

La Volupté féroce est l'ogre de nos mœurs !
Virginité, candeur, ignorances si chères,
Vos tortures, vos pleurs[e], se prisent aux enchères,
Et le corps le plus frêle a le plus d'acheteurs !

Triste victime,[f] ô toi que le crime féconde,
À tes flancs douloureux arrache un fruit immonde !
Mais non ! vis dans ta honte, et sois mère ; il le faut !

Car le bouc au besoin se fait juge pudique :
Il adjure à grands cris la morale publique,
Et, de par la vertu, t'envoie à l'échafaud !

---

[d] Préo., 1847, *Éphémères*, 1847 et *Sonnets*, 1858 : « Ô jaloux ! laisse donc l'aigle ».

[e] Préo., 1847, *Éphémères*, 1847 et *Sonnets*, 1858 : « cris ».

[f] Préo., 1847, *Éphémères*, 1847 : « Pauvre victime ! ».

CXXXI

GULA[109]

Fi ! quelle heure prends-tu pour lui crier famine,
Lazare ? mais ce riche est fort préoccupé !
Le matin ? – mais à peine il quitte le soupé,
Dans le jour ? – mais il mange. Et le soir ? – mais il dîne.

Plus de moelle au cerveau, de cœur dans la poitrine ;
Le ventre est roi partout[g], il a tout usurpé ;
Alambic incessant, par l'alcool sapé,
Ce riche ne vit pas, ô Lazare ! – il rumine !

Demain verra l'artère éclater sous le sang,
Et l'auguste pourceau mourir, en vomissant
L'âme, comme un fœtus ignoré dans sa panse.[h]

Lazare, qu'attends-tu ? l'aumône ? – Arrière enfin,
Gueux plus riche que lui d'une éternelle faim,
D'un grand cœur, d'un sang calme, et d'un cerveau qui
[pense ![i]

---

[g] Préo., 1847, *Éphémères*, 1847 : « Mais le ventre est partout ».

[h] Préo., 1847, *Éphémères*, 1847 : « Nouveau Domitien, s'il gouvernait l'État, / Pour avoir un avis sur un turbot au plat, / Sans rire, il serait homme à convoquer les Chambres : ».

[i] Préo., 1847, *Éphémères*, 1847 : « D'un bon cerveau, d'un cœur, et de robustes membres ! ».

CXXXII

IRA[110]

Soit qu'il lave un affront, soit qu'il venge un État,
Qu'il dresse un guet-apens ou gagne une bataille,
Sous la balle qui troue ou le couteau qui taille,
L'assassinat toujours est un assassinat !

Horreur ! chaque soleil éclaire un attentat !
Ici, c'est le stylet ; là-bas, c'est la mitraille ;
Et, dans nos rangs pressés, jouteurs de même taille,
La Colère et la Mort prennent leur sombre ébat[j] !

Plaintive Humanité, mère qu'on martyrise,
Corps vivace toujours, qui toujours agonise,
L'Amour étanche en vain les flots de ton sang noir !

Épuisée, un moment t'endors-tu sur ta couche,
Ton bourreau te réveille avec ce cri farouche :
« Desdémone ! as-tu fait ta prière, ce soir ? »

CXXXIII

PIGRITIA[111]

Habits bas, mes amis ! sur le bord du chemin
Jetons ce qui nous pèse, et que notre œuvre avance ![k]

---

[j] Préo., 1847, *Éphémères*, 1847 : « le même ébat ».

[k] Préo., 1847, *Éphémères*, 1847, *Sonnets*, 1858 et 1859 : « Jetons veste et sandale au milieu du chemin, / Courage, ô mes amis ! notre sillon s'avance ; ».

Âme et sol, creusons tout avec persévérance ;
Dieu lui-même est au bout de chaque effort humain !

Aux uns l'outil pesant qui déchire la main ;
Aux autres les jalons, signaux d'intelligence[l] ;
Qu'importe notre lot ? Plus tard tout se compense ;
Le maître a son secret qu'il nous dira demain.

Malheur à l'ouvrier qui faiblit sous la[m] tâche !
À son front, comme un plomb, l'hébétement s'attache,
Et son cœur se consume en des rêves mauvais.

Coureur poussif, il tombe au seuil de l'Hespéride,
Et voit fuir loin de lui l'Espérance candide,
Atalante aux pieds d'or qu'il n'atteindra jamais.

CXXXIV

ÉPILOGUE

Le dard n'entame pas sa dure carapace !
  Entrouvrant ses yeux étonnés,
Comme fait un géant lorsqu'un enfant lui passe
  Un fétu d'herbe sous le nez,

« Je te connais, dit-il, et veux te faire grâce ;
  Moi le mangeur de nouveau-nés ;
Un poète n'est pas une chair assez grasse.
  Il fait de trop maigres dîners.

---

[l] Préo., 1847, *Éphémères*, 1847, *Sonnets*, 1858 et 1859 : « signaux, jalons d'intelligence ».

[m] Préo., 1847, *Éphémères*, 1847, *Sonnets*, 1858 et 1859 : « sa ».

« Mais tu vas d'autre sorte expier ta malice,
En baisant sur l'heure, à genoux,
Un de mes fronts ; – le choix dépend de ton caprice.

La Paresse avait l'air si doux !
Je m'approche et l'embrasse. – Horrible maléfice !
Dans elle seule ils tenaient tous !

EN TRAIN EXPRÈS[112]

CXXXV

ICARE

Oui, nous sommes rois de la terre immense,
Notre fief s'étend plus loin que nos yeux ;
Mais le passereau qui franchit les cieux
Dit : « Le roi finit où l'oiseau commence. »

Oui, nos pieds sont pris au sol odieux,
Nous rampons, voués à toute inclémence ;
Mais dans nos cerveaux, divine démence,
S'agite un instinct d'essor glorieux.

C'est par lui qu'Icare, emporté sans trêve,
De plus haut toujours tombe, et se relève.
Sur son dos meurtri la cire en vain fond,

Dans l'acier solide il trempe ses ailes,
Et par un chemin semé d'étincelles
Il fend de nouveau l'inconnu profond !

CXXXVI

LE DÉPART

Prends-moi sur ton dos, Vapeur furibonde,
Brune Centauresse, ardent casse-cou !
Au galop, ma belle ! allons n'importe où !
Volons, s'il se peut, par delà le monde !

Fuyons au plus tôt ce cloaque immonde
Où la vie inerte, en son cercle fou,
Tourne sans bouger, pareille à cette onde
Qui revient sur elle au creux d'un remous[a].

Hop ! hop ! en avant ! la vie est l'espace !
Plus vite ! allons donc ! l'oiseau te dépasse ;
Crains-tu d'éclater en brisant ton mors ?

D'un saut jusqu'au ciel je serais avide ;
Élan du désir, es-tu suicide ?
Bon ! l'âme en rirait ; tant pis pour le corps !

CXXXVII

HYPOTHÈSE

Rapide elle fuit, l'aile insaisissable[b] !
Et dire pourtant que, pour nous broyer

---

[a] *En train express*, 1858 : « sur elle au même remous ».
[b] *En train express*, 1858 : « infatigable ».

Sous le même choc, bête et cavalier,
Il ne faudrait rien, rien qu'un grain de sable !

Pour toi quel bonheur, âme impérissable !
Au fond de la mort, lumineux foyer,
Tu verrais soudain ton rêve palpable
Éclore d'un jet et se déployer.

Prise dans l'anneau qui conduit la chaîne
De l'heure écoulée à l'heure prochaine,
Ces deux bouts du temps que l'Infini joint,

Tu verrais comment, sous l'œil qui les sonde,
L'Éternité tient dans une seconde,
Et l'Immensité dans un petit point !

CXXXVIII

LA RENCONTRE

Tel on voit l'éclair croiser[c] un éclair,
Le train lancé frôle un train sur la voie.
Ne dirait-on pas deux oiseaux de proie
En sens opposés se disputant l'air ?

N'est-ce pas Wilhelm emportant Lénore[113] ?
Si prompt qu'ait filé l'ardent météore,
En croupe après lui mon cœur s'est lancé.

Ah ! c'est qu'au passage, une lèvre fraîche
M'a sournoisement décoché la flèche
D'un sourire aigu dont je suis blessé !

---

[c] *En train express*, 1858 : « Pareil à l'éclair qui croise ».

Folle vision ! cruelle est ma joie !
Car, dans ce sourire entré sous ma chair,
Ce n'est pas l'espoir, ô fantôme cher,
C'est l'adieu fatal que ta bouche envoie !

CXXXIX

SOUS TERRE

Le sphinx de granit qui défend l'entrée
Des lieux infernaux se hérisse en vain :
L'hippogriffe accourt ; son poitrail d'airain
Ouvre jusqu'au cœur la terre éventrée.

Lamentable voie, une Ombre éplorée
Remplit de clameurs son lit souterrain :
« Maudits ! vous troublez l'Incube sacrée
Qui, pour le vieux Temps, couve l'œuf humain !

Enfants libertins de l'Isis austère,
Pensez-vous ravir l'amoureux mystère
Dont le flanc s'émeut, dont le front rougit ?

Remontez au jour que ma nuit insulte !
Nul impunément ne brave l'occulte :
Le vivant y meurt, le mort en surgit ! »

CXXXX

PROJET

Cottage embaumé ! Nid délicieux !
Suspendons ici ma course inconstante ;
Là, je cueillerai ce fruit qui me tente ;
Là, je fleurirai l'autel de mes Dieux !

Toi qui tends là-bas ta joue éclatante,
En ralentissant ton fuseau soyeux[d],
Es-tu, blonde enfant, l'Ange de l'attente ?
Me voici ! j'accours ! ouvre-moi tes cieux !

Fleurette des prés, abrite mon âme,
Comme un papillon qui, le soir, se pâme
Au sein d'un bluet, sa douce prison.

Mais voici déjà mon rêve à cent lieues ;
Il se meurt au loin dans les vapeurs bleues.
Ô mon pauvre cœur ! change d'horizon.

CXLI

IDYLLE

L'or des blés frémit sur ta glèbe rouge,
Terre palpitante où tout rit et bouge,
Feuille, insecte, fleur, fumée et ruisseau.

---

[d] *En train express*, 1858, *Papillons noirs*, 1858, *Sonnets*, 1858 et 1859 : « joyeux ».

La mère-nourrice est en belle haleine !
Sous le lait divin sa mamelle pleine
De vie et de joie emplit son berceau.

Un homme est aux guérets[114], menant la faucille,
Sa femme au logis qu'elle tient rangé,
Sa fille au lavoir où son chant pétille,
Son bœuf dans les foins jusqu'au cou plongé.

– Repasse demain, beau faiseur d'idylle ;
Vois comme en un jour ton site a changé :
La terre est en deuil, la mère est sans fille,
L'homme est décrépit, le bœuf égorgé !

CXLII

AU BUT

Le sol, sous tes pas, s'anime en fuyant,
Comme un étalon frappé de vertige ;
Mont, val, fleuve et bois dansent un quadrige ;
L'horizon vers nous rampe en tournoyant.

Ma belle, tout doux ! Ton vol chatoyant
Devient un assaut d'horrible voltige ;
Au bord du regard le rayon se fige,
Et le chaos roule au cerveau bruyant !

Qu'elle aille à son gré ! l'ivresse me gagne ;
En songe, du moins, battons la campagne.
Je m'endors, je rêve ; – ha ! le gai sommeil !

Le cheval-vapeur tout à coup s'arrête ;
Par le store ouvert je passe la tête,
J'aperçois Paris ! – ho ! le laid réveil !

LES MÉTAUX

CXLIII

L'OR

Ton rire est jaune, il a le timbre sarcastique.
Hideux comme Judas, beau comme Danaé,
C'est toi le trahisseur[115] et le prostitué !
N'es-tu pas le soleil en grimoire hermétique ?

Savait-il donc déjà, le Chaldéen mystique[116],
Pour t'avoir vu de fange en lingot transmué,
Qu'il n'est pas chair si laide et cœur si pollué
Où ton reflet n'attache un éclat magnétique ?

À l'œuvre ! et noyons-nous au splendide métal !
Âmes et corps, passez dans le creuset fatal :
C'est un rude fondeur que Satan-Trismégiste[117] !

Tout élément humain, le voilà mis au feu ;
Est-ce assez ? – Pas encor ! – Quoi plus, noir alchimiste,
Tu regardes le Ciel ! – « Ah ! si ce n'était Dieu !… »

CXLIV

L'ARGENT

Triste Phœbé[118], soleil des amours ennuyés,
Un joaillier de malheur a fait ton diadème.
Quels dégoûts Tubalcain[119] avait-il essuyés,
Le jour où de l'argent il t'imposa l'emblème ?

Quand tu flottes aux cieux, mélancolique et blême,
Comme une tête exsangue aux regards dévoyés,
Tu verses tes rayons en faisceaux monnayés,
Ton orbe est effigie ; et c'est par là qu'on t'aime.

Le rusé paysan te prend pour témoin sûr
Des écus épargnés qu'il cache au pied d'un mur :
Sa fille, à ton flambeau, pour une pièce blanche,

Vend son corps, chaque soir, au plaisir libertin ;
Et du voleur de nuit la main, par toi plus franche,
Force sans bruit le coffre au murmure argentin.

CXLV

LE MERCURE

La couleuvre raillait Eve, d'Éden chassée.
Du bout du glaive ardent l'Ange piqua son dos :
En livides filons une bave glacée
Découla du flanc noir qui ne s'est jamais clos.

Pleure, ô Terre, la tache à ton beau front laissée !
Le virus métallique a pénétré tes os,
Et l'étrange poison t'envahit sans repos,
Excoriant ta chair, engluant ta pensée !

Volupté ! le serpent blessé savait comment
Tu mettrais dans les corps la fièvre en mouvement.
Par toi, le sang hésite aux artères oisives ;

Du génie énervé se fige le cerveau ;
Et la Psyché lépreuse, un pied dans le tombeau,
Pose au front de l'Amour des lèvres corrosives.

CXLVI

LE CUIVRE

Lorsqu'à Chypre, berceau de la dive Aphrodite,
Pour la première fois, le clairon rutilant
Fit éclater, du fond de son orbe sanglant,
La note que jamais la flûte n'avait dite,

L'âcre saveur du son, comme un couteau brûlant,
Pénétra sous le sein de la vierge interdite,
Et, par un sens nouveau, notre race maudite
Perçut la clameur rouge et le sanglot parlant.

Voix du métal, sonnez ! bugles, trompes, cymbales,
Quand vous brisez dans l'air vos ondes infernales,
L'abeille, sur la fleur, sans aiguillon s'abat.

Sonnez ! le nid tressaille et la couveuse est ivre,
Quand le coq aux échos jette son chant de cuivre !
Sonnez ! car notre amour est un coq de combat !

CXLVII

LE FER

Récolte aux sillons d'or, révolte au cœur humain,
L'Idée est avancée, et la moisson est mûre.
Prends la tranchante faux, mets la sonore armure ;
Laboureur et soldat, vous dormirez demain !

Pour l'homme et pour le fer le repos est souillure :
Rouille, il ronge le soc ; sang, il glace la main.
Corps fauchés, blés coupés, couchez-vous sans murmure,
Gerbes de l'avenir, Dieu vous glane en chemin !

Dans la chair et le sol, plonge-toi sans colère,
Impassible instrument du duel séculaire ;
Car ton œuvre est bénie, ô fer étincelant[a] !

Et quand, sous ton éclair, sonne l'enclume dure,
L'Humanité tressaille, – oh ! comme si son flanc,
Pour accoucher d'un monde, attendait ta blessure[b] !

---

[a] *Sonnets*, 1859 : « Lame de bonne trempe, ô bretteur indompté ».

[b] *Sonnets*, 1859 : « Car ton œuvre est bénie ; et quand, battant l'enclume, / Forgeur du coutre saint, ton front d'éclairs s'allume, / Ton marteau fait bondir la vieille Humanité » ; *Sonnets*, 1864 : « Pour mettre un monde à terme attendait ta blessure ».

CXLVIII

L'ÉTAIN

Je vous devais un chant, et je vous le dédie,
Berceuses du Génie, au sein maigre et flétri,
Souffrance et Pauvreté, dont la main engourdie
Au gobelet d'étain nous verse un lait aigri !

Pâle métal, salut ! C'est toi, l'endolori !
Tu sonnes deux sons creux : Misère et Maladie !
La fièvre exhale en toi son odeur affadie,
Et, comme un os froissé, tu grinces dans un cri !

En vain l'Esprit est fort, en vain la Chair est dure :
Quand le maître en veut faire un docile instrument,
De la Douleur entre eux il coule la soudure,

Et le mordant cruel s'y fixe intimement,
Faisant des trois en un ce mélange humble et triste,
À qui Dieu dit « Sois homme ! » et l'homme « Dieu t'assiste ! »

CXLIX

LE PLOMB

Le vieux mangeur d'enfants, Minotaure-Saturne,
Tu baptisas le plomb, et tu l'as bien nommé !
N'est-il pas, comme toi, cet ogre taciturne,
Toujours à jeun, toujours de chair fraîche affamé ?

L'homme a vécu. Le corps, cendre informe, est dans l'urne
Le couvercle de plomb sans bruit s'est refermé,
Et le drame commence, à huis clos consommé,
Entre la chair défaite et son bourreau nocturne.

Sombre métal des morts, tu donnes le frisson !
Le doigt t'agace en vain, tu ne rends pas de son ;
Tu tombes sans bondir, en masse inerte et flasque.

Ha ! celui que ton poids étouffe est bien tenu,
Puisque nul n'a fait trou dans ce rideau qui masque
Le dénoûment de l'être au fond de l'inconnu.

CL

ALLIAGE

Poésie, au soleil apporte ton cristal ;
Industrie, à la flamme expose ta coupelle ;
Dans son léger calice, ô que la fleur est belle !
Comme en sa lourde gangue il est fier, le métal !

Formons l'hymen céleste et l'hymen infernal.
L'Esprit n'enfante pas sans union charnelle,
Et le Bien, pour agir, à son secours appelle
Cet autre bras de Dieu qui se nomme le Mal.

Nous sommes l'aiguillon qui tient l'âme en haleine,
Le poignet du travail et l'ahan de la peine ;
Nous chantons avec l'homme, et pleurons avec lui !

Que Satan, un seul jour, éteigne sa fournaise,
Et de nouveau le ciel sera pris par l'Ennui,
Ce Titan foudroyé de l'antique Genèse !

PAPILLONS NOIRS

CLI

AU LECTEUR[a]

Lecteur, ces petits vers ne sont pas tout eau rose ;
Ils sentent quelque peu le moisi du cercueil.
Si l'abord vous effraie, arrêtez-vous au seuil ;
Mettons qu'il vaut mieux rire, et parlons d'autre chose.

Vous rêvez le bonheur ? moi, sa métamorphose.
Vous croyez aux flots bleus ? moi, je crois à l'écueil.
La mort est la beauté qui brûle sous son deuil ;
Mais, comme toute prude, elle veut que l'on ose.

Il me plaît d'agacer ce vieux Sphinx du néant,
D'évoquer l'œil divin dans l'orbite béant,
L'incorruptible chair sous l'os qui se décharne ;

Et, prisonnier, sur qui pèse le cachot noir,
J'aime à glisser ma tête à travers la lucarne,
Pour aspirer l'air frais, la lumière et l'espoir.

---

[a] *Les Éphémères*, IIIe série, 1857 : « Prologue ».

CLII

LE SONNEUR

Mon cœur est une tour perdue
En vedette sur l'étendue ;
Il y pend deux timbres d'airain.

L'un est la cloche d'allégresse,
L'autre est le tocsin de détresse ;
Le sonneur les mène bon train !

Toujours en quête d'un nuage,
Toujours le nez au firmament,
De ses cloches, à tout moment,
L'espiègle intervertit l'usage ;

Il sonne en mort le mariage,
En baptême l'enterrement.
Se tromperait-il sciemment ?
N'est-ce qu'un fou ! Serait-ce un sage ?

CLIII

LES DEUX CORTÈGES[b] [120]

Deux cortèges se sont rencontrés à l'église.
L'un est morne : – il conduit le cercueil[c] d'un enfant ;

---

[b] *Sonnets*, 1858 et 1859 : « Les deux cortèges / À M. le Docteur Théodore Perrin ».

[c] *Les Éphémères*, IIe série, 1857, *Sonnets*, 1858, 1859 et 1864 : « conduit la bière ».

Une femme le suit, presque folle, étouffant
Dans sa poitrine en feu le sanglot qui la brise.

L'autre, c'est un baptême : – au bras qui le défend
Un nourrisson gazouille[d] une note indécise ;
Sa mère, lui tendant le doux sein qu'il épuise,
L'embrasse tout entier d'un regard triomphant !

On baptise, on absout, et le temple se vide.
Les deux femmes, alors, se croisant sous l'abside,
Échangent un coup d'œil aussitôt détourné ;

Et – merveilleux retour qu'inspire la prière –
La jeune mère pleure en regardant la bière,
La femme qui pleurait sourit au nouveau-né !

CLIV

SUR UN ALBUM[e]

Voici l'anniversaire aux doux pèlerinages :
À mes chers trépassés je viens faire ma cour.
Mon enclos funéraire est ce livre, où les pages
Pèsent de souvenirs amassés jour par jour.

Rendez-moi du passé les vivantes images,
Épitaphes de gloire, épitaphes d'amour,
Signets mystérieux qui notez des passages
Au livre de ma vie effacés sans retour !

---

[d] *Les Éphémères*, IIe série, 1857, *Sonnets*, 1858 et 1859 : « bégaie ».

[e] *Les Éphémères*, IIe série, 1857 : « L'album » ; *Sonnets*, 1858 et 1859 : « L'album / À M. Ludovic Lalanne ».

D'un ami qui n'est plus chaque page est la tombe,
Et de mes yeux dolents chaque larme qui tombe
Au feuillet frissonnant fait revenir un corps !

Et moi, je plante ici la croix de ma pensée,
Afin qu'un jour l'ami pour qui je l'ai dressée
Éveille aussi mon ombre en visitant ses morts !

CLV

FLEUR DE BLUET[f]

Nous souffrons dès qu'on nous néglige,
Nous autres morts, enfants de l'Art ;
Nos cœurs ont une artère à part,
Où le sang jamais ne se fige.

Aussi, qu'un ami, par égard,
De la ronce écartant la tige,
Sur notre tombe sans vestige
Pose une fleur, muet regard ;

La fleur, au sol vivant ravie,
S'éternise en donnant sa vie
Au sol où rien ne remuait[g].

Nos cendres ont des vertus telles,
Que, lorsqu'on y sème un bluet[h],
Il y pousse deux immortelles !

---

[f] *Sonnets*, 1858 : « Fleur de Muguet / En réponse à des vers de M. le baron de Kinner » ; *Sonnets*, 1858 : « Fleur de bluet / En réponse à des vers de M. de K. ».

[g] *Sonnets*, 1858 : « Au sol que l'oubli fatiguait ».

[h] *Sonnets*, 1858 : « muguet ».

CLVI

LA SÉPARATION

Hélas ! que le rivage est morne, un jour d'adieux !
Là se pressaient des gens tristes à faire peine,
Pour ne pas sangloter retenant leur haleine[i],
Et dévorant les pleurs qui roulaient de leurs yeux !

Trois voix seules montaient dans l'air silencieux
La Hache, équarrissant une planche de chêne,
Criait : « Charpentier fort, j'arrondis la carène
Qui conduit la jeunesse aux ports mystérieux ! »

Et l'Aiguille disait : « Je suis la fée habile
Qui, fixant la pudeur sur le corps immobile,
Ferme aux Amours la robe où s'endort la Beauté[j] ! »

Et le Marteau, sonnant jusqu'au cœur qu'il secoue[k],
Sourdement répétait : « Sombre emballeur, je cloue[l]
Les trésors que le Temps lance à l'Éternité ! »

---

[i] Préo., 1847 et *Éphémères*, 1847 : « sangloter ils se parlaient à peine ».

[j] Préo., 1847 et *Éphémères*, 1847 : « Moi je suis la main ferme / Qui coûs voile et linceul : d'un fil triple je ferme / La robe de voyage où s'endort la beauté ».

[k] Préo., 1847 et *Éphémères*, 1847 : « Et le marteau brutal, frappant le clou rebelle ».

[l] Préo., 1847 : « répétait : "D'un sceau discret je scelle » ; *Éphémères*, 1847 : « répétait : "Pour toujours moi je scelle ».

CLVII

UN SERPENT SOUS LES FLEURS[m]

Cette corbeille, enfant, l'amoureux te l'envoie ;
C'est son gage d'hymen qu'un trésor a payé[n] ;
De trésors elle est pleine ; oh ! rien n'est oublié !
Enfant, seras-tu belle ! et tu sautes de joie !

Comme un flot lumineux sous ta main déployé,
S'échappent, tour à tour, brocard, dentelle et soie,
Et le tissu moelleux que l'Inde nous envoie,
Et l'hermine du Nord au duvet délié.

L'or fauve resplendit, l'eau des perles ruisselle,
Le rayon prisonnier dans la nacre étincelle...
Comme à ces jolis riens ton regard fait accueil !

Et plus riche toujours le faisceau s'éparpille ;
Mais tout à coup, – mon Dieu ! tu pâlis, jeune fille !
– Qui donc a glissé là cette robe de deuil ?

---

[m] *Sonnets*, 1858 : « Un serpent sous les fleurs / À M. Paul Pourrat ».

[n] *Les Éphémères*, IIe série, 1857, *Sonnets*, 1858 et 1859 : « hymen, un trésor l'a payé ».

CLVIII

REGRETS ÉTERNELS

Tout le long du chemin° qui mène au cimetière,
Il est d'affreux jardins où l'on dresse les fleurs
À poser pour le deuil, où la Mort bouquetière
Tient un assortiment de toutes les douleurs.

On y trouve à bas prix le Génie en prière,
Les souvenirs d'époux tout constellés de pleurs,
Les regrets fraternels entrelacés de lierre,
Et les adieux d'amants rimes entre deux cœurs.

Un jour, tu graviras pour moi ce chemin sombre,
– Un jour de Saint-Joseph[121], la fête de mon Ombre.
Ne charge pas ces fleurs du poids de ton chagrin !

J'aime mieux une larme à ton cœur arrachée
– Dût-elle, sur ma pierre, être aussitôt séchée, –
Qu'un emblème imposteur, – dût-il pleurer sans fin !

CLIX

RESURRECTIO

Suivant l'art, on a fait l'embaumement du corps.
Le sang est un métal, et la fibre une gomme ;
Scellez d'un triple plomb la châsse de cet homme,
Pour que l'air ni le bruit n'y viennent du dehors.

° *Papillons noirs*, 1858 et *Sonnets*, 1858 : « Sur le bord du chemin ».

Bien ! sculptez là-dessus le marbre aux lourds décors.
Ce sera cher ! cent gueux vivraient de cette somme !
Mais quel honneur aussi ! – Dormir un plus long somme,
Et dans un plus beau lit, que le commun des morts !

Pour nous, livrons nos chairs au sol qui recompose
La forme élémentaire, et refait tout chose.
Nous renaîtrons demain, fraîches fleurs au soleil,

Tandis que ce grand-là, dans sa gangue de pierre,
Va sentir l'existence agacer sa paupière,
Sans pouvoir secouer son douloureux sommeil.

CLX

LAZARE[p]
I

Quand on leva la pierre où, depuis quatre jours,
Lazare enseveli gisait froid et rigide,
L'odeur suintait déjà par le[q] linceul humide
Qui du mort accusait les sinistres contours.

Drame sombre, où l'esprit s'abîme sans recours
Dans un chaos sans nom d'horrible et de fétide !
À l'appel de Jésus, sous cette chair livide,
La Vie avec effroi vint reprendre son cours !

[p] *Les Éphémères*, IIIe série, 1857, *Sonnets*, 1858 et 1859 : « Lazare. / À M. Francis Wey ».

[q] *Les Éphémères*, IIIe série, 1857 : « L'odeur était déjà sous le ».

Et Lazare surgit, étalant le mystère
Des ombres du sépulcre au grand jour de la terre ;
Et les siens frissonnaient de doute en le suivant ;

Et Marie à sa sœur disait : « Marthe ! je tremble !
Je voudrais l'embrasser, mais je n'ose : il me semble
Que le cadavre en lui marche avec le vivant ! »

CLXI

LAZARE
II

Or Lazare pleurait. Les gens de Béthanie
Déjà s'interrogeaient d'an regard interdit,
Lorsque, tombant aux pieds de Jésus, il lui dit,
D'un ton de doux reproche et d'angoisse infinie :

« Maître ! pour affirmer votre divin crédit,
Vous m'avez rappelé dans la lice fournie,
Remis le poids porté, refait une agonie ;
Mon Sauveur eût-il mieux puni quelque maudit ?

S'il fallait d'un miracle armer votre puissance,
Que n'a-t-il éclaté sur mon lit de souffrance ?
Malade, il était temps ; défunt, il est trop tard !

Vous pouviez, de mon âme ajournant le départ,
Ajouter à ma vie, ô vous la Vie auguste !
Mais m'infliger deux morts, Jésus ! Était-ce juste ? »

CLXII

LE MASQUE[r]

L'immobile est pour moi l'épouvante suprême !
J'ai peur de ce qui gît, et peur de ce qui dort ;
Tout enfant[s], je brisais la poupée à ressort
Dont le masque odieux singe un baby[t] qu'on aime.

Naïs[122] veut mon image en marbre ; et sur moi-même
Phidias de mon front prend l'empreinte. Il en sort
Un second moi si laid, si rigide et si blême,
Que le vif ne sait plus se distinguer du mort !

D'effroi, dans un tombeau, j'ai couché[u] mon Sosie ;
De me pleurer en lui j'ai parfois[v] fantaisie,
Tant l'un des deux me semble être à l'autre un emprunt.

Et Naïs me croit fou lorsque je la conjure,
Au nom de son amour que je trouve parjure,
De donner une larme à son pauvre[w] défunt !

---

[r] *Les Éphémères*, IIIe série, 1857 : « Le masque. / À mon ami A. Chaine » ; *Sonnets*, 1858 : « Le masque / À A. Chaine ».

[s] *Les Éphémères*, IIIe série, 1857, *Sonnets*, 1858 et 1859 : « À deux ans ».

[t] *Les Éphémères*, IIIe série, 1857, *Sonnets*, 1858 et 1859 : « singe l'enfant ».

[u] *Les Éphémères*, IIIe série, 1857 : « placé ».

[v] *Les Éphémères*, IIIe série, 1857 : « parfois j'ai ».

[w] *Les Éphémères*, IIIe série, 1857 : « D'avoir un souvenir pour le pauvre » ; *Sonnets*, 1858 : « De donner un regret à son pauvre ».

CLXIII

UN AMI

Je n'ai d'ami qu'un chien. Je ne sais pour quels torts,
De ma main, certain jour, il reçut l'étrivière.
Ce chien me repêcha, le soir, dans la rivière...
Il n'en fut pas plus vain, – moi, j'eus bien des remords.

Nous ne faisons, depuis, qu'une âme dans deux corps.
Lorsqu'on m'emportera sur la triste civière,
Je veux que mon ami me suive au cimetière,
Le front bas, comme il sied au[x] cortège des morts.

On comblera ma fosse. Alors, ô pauvre bête,
Las de flairer le sol, de mes pieds à ma tête[y],
Seul au monde, et[z] tout fou de n'y comprendre rien,

Tu japperas trois fois ; – je répondrai peut-être.
Mais si rien ne répond, hélas ! c'est que ton maître
Est bien mort ! Couche-toi pour mourir, mon bon chien[123] !

---

[x] *Les Éphémères*, IIe série, 1857 : « Front bas, comme il convient au ».
[y] *Sonnets*, 1858 : « sol, en secouant la tête ».
[z] *Les Éphémères*, IIe série, 1857 : « Morne et triste, et ».

CLXIV

LA DIVINE ANTITHÈSE[aa]

Le glas funèbre tinte au beffroi de l'église ;
– Mais les airs enivrés ont des frissons joyeux.
Le porche est tout tendu de noir jusqu'à la frise ;
– Mais le pourpre et l'or vif resplendissent aux cieux.

Le cortège s'avance à pas silencieux ;
– L'hirondelle, en riant, se berce dans la brise.
Des larmes de douleur tombent de tous les yeux ;
– Il n'est pas d'herbe, aux prés, qu'une perle n'irise.

Voici le champ de deuil : on y jette le corps ;
Le prêtre à demi-voix dit l'oraison des morts :
« Poussière d'un seul jour, retourne à la poussière ! »

– Voici le champ[ab] des fleurs : tout y germe à la fois ;
Sur l'immense Nature éclate cette voix :
Immortelle beauté, renais à la lumière ! »

CLXV

LA MOMIE[ac]

Dans la châsse où tu gis, séculaire assoupie,
Le Soleil te regarde avec des yeux surpris ;

[aa] *Sonnets*, 1859 : « La divine antithèse / À M. H. de Villemessant ».
[ab] *Sonnets*, 1859 : « sol ».
[ac] *Sonnets*, 1859 : « La momie / À M. Joseph Delaroa ».

Il se rappelle avoir, pour un fils d'Osiris,
Formé[ad] ton jeune sein, fruit noir d'Éthiopie.

« Depuis que l'ibis blanc, sous les lotus fleuris,
Ne couve plus l'œuf d'or que le dieu Thoth[124] épie,
Que de beaux seins, dit-il, mes rayons ont mûris,
Dont il n'est rien resté, pas même une copie ! »

Et moi, qui te contemple à trois mille ans de là,
Je voudrais voir s'ouvrir ces yeux qu'Athyr[125] voila,
Sentir sourdre en ces chairs une sève seconde,

Et goûter, en ces bras repris de sentiment[ae],
La saveur primitive et l'acide ferment
De cet amour qui fut la puberté du monde.

CLXVI

ATRA CURA[126]

Fantôme qui reviens en tous lieux, à toute heure,
Creuser de l'ongle un pli sur mon front abattu ;
Qui, d'un souffle brutal, brises[af] comme un fétu
L'échafaud des projets dont mon esprit se leurre,

Dégoût dans les plaisirs, doute dans la vertu,
Sourde gêne de l'être, angoisse intérieure,
Hôte importun qu'on chasse et qui toujours demeure,
Mystérieux tyran. Souci, qui donc es-tu ?

[ad] *Sonnets*, 1859 : « Mûri ».

[ae] *Sonnets*, 1859 : « sur ce cœur rouvert au sentiment ».

[af] *Les Éphémères*, IIe série, 1857, *Sonnets*, 1858 et 1859 : « Et, d'un souffle brutal, briser ».

– Dans le sommeil des sens je suis le sens qui veille,
Le tintement sans fin qui fatigue l'oreille,
L'oiseau noir qui s'abat sur le songe enchanté ;

Je suis le soubresaut du cœur, le cri du drame,
Le sombre clocheteur qui, dans la nuit de l'âme,
Passe, et, le long du Temps, sonne l'Éternité !

CLXVII

LE COLCHIQUE

L'homme a cueilli les biens que la saison lui donne ;
La Terre, à bout d'efforts, lui demande merci,
Et, sur les prés fangeux, le colchique d'automne
Ouvre aux larmes d'octobre un calice transi.

Ma jeunesse a livré tous ses trésors aussi,
Au sommeil des désirs mon âme s'abandonne,
Et dans les grands sillons de mon cœur obscurci
S'étale tristement une fleur monotone.

C'est lui, le Souvenir ! livide floraison
Qui s'incruste en nos seins, comme au sol ce poison
Amer semblant du lis, dont le printemps s'enivre.

Jette, enfant, cette fleur au sourire glacé :
Qu'y chercherait l'amour ? – C'est la fleur du passé,
Dont le suc fait mourir et que les pleurs font vivre !

CLXVIII

CAPUT MORTUUM[127]

Ce savant me fait peur, ses plaisirs sont hideux !
Dans la machine humaine il fouille à pleine vue ;
Il voit frémir le vif sous la vertèbre nue
Et pointer sous les chairs le squelette anguleux !

Il nous dit le cerveau, foyer[ag] des fils nerveux,
Et l'écluse du sang dans le cœur contenue,
Et Gaster[128] distillant aux flancs de sa cornue
Le gaz incoercible et les sucs plantureux.

Voix de la bien-aimée, harmonieuse note,
Il fait, dit-il, grincer tes cordes sous la glotte ;
Le maudit !... clouer l'ange au clavier du larynx !

Vite un bandeau ! Par grâce, oh ! faites que j'ignore !
Automate divin, je veux t'aimer encore !
Et pourrais-je t'aimer avec les yeux du lynx ?

CLXIX

LAMARTINE[129]

À l'heure où la faveur déserte le Génie,
Quand l'amitié s'endort dans un coin du passé,
Et que l'esprit du doute au fils de l'harmonie
Tend le calice amer vainement repoussé,

[ag] *Les Éphémères*, IIe série, 1857 : « soleil ».

J'aimerais à tenir ce martyr embrassé,
Et, seul contre le sort, l'âge et la calomnie,
À lutter avec lui cet assaut d'agonie
Où le Dieu se débat sous l'homme terrassé.

Jours d'éclatant prestige et d'oublieuse ivresse,
Non, vous ne valez pas cette heure de détresse !
Moi, disciple du Christ, j'aurais donné ma part

De la parole ardente et du divin regard
Pour un seul de ces pleurs, défaillances furtives,
Que déroba la nuit du Jardin des Olives[ah].

CLXX

PAR UN TEMPS SOMBRE[ai]

Il pleut, le ciel est gris, l'heure s'ennuie et sonne ;
On dirait qu'entre l'homme et Dieu tombe un rideau.
J'entends pleurer la feuille, et chaque goutte d'eau
Frappe au dedans de moi sa note monotone.

Au bonheur de songer alors je m'abandonne
Et de mes souvenirs je réveille l'écho ;
Mais du fond de mon rêve, ainsi que d'un tombeau,
Quel cortège dolent surgit et m'environne !

[ah] *Sonnets*, 1859 : « Pour être confident de ces larmes furtives / Qui coulaient en silence au jardin des Olives ».

[ai] *Sonnets*, 1858 : « Par un temps sombre / À M. Camille Debans » ; *Sonnets*, 1859 : « Par un temps sombre / À M. Max. Graffis ».

C'est vous ! Quoi ! vous encor, fantômes adorés,
Aux sourires navrants, aux fronts décolorés,
Vous que pressa mon cœur, et que le cercueil presse !

Ô morts inconsolés, mélancolique essaim,
Qui revenez à moi si chargés de tristesse,
Auriez-vous oublié votre âme dans mon sein ?

CLXXI

LES VISIONS

Enfant, qu'aperçois-tu sous l'horizon bruni ?
– Père, je vois grandir un aigle à l'œil austère ;
Son front touche les cieux, son ongle étreint la terre.
– Enfant, c'est le Génie, oiseau de l'Infini.

Enfant regarde encore. – Ah ! le prisme est terni !
Dans la fange, où s'épand sa bave délétère,
Un reptile aux nœuds froids se glisse avec mystère.
– Enfant, l'Envie ira lier l'aigle en son nid.

Enfant, regarde encore. – Une femme livide
Ronge, en grinçant des dents, les bords d'un vase vide
– Enfant, c'est la Misère, et l'âpre Faim la mord.

Enfant, regarde encore. – Ineffable délire !
C'est Psyché, c'est la Vie à l'éternel sourire...
Ô père, c'est la Gloire ! – Enfant ! c'est donc la Mort.

CLXXII

LA MÈRE

Quand la Mort vient frapper un enfant adoré,
Sa main, du même coup, fait la maison maudite,
Les serviteurs muets, la famille interdite,
L'aïeul inconsolable, et le père éploré.

On condamne à la nuit, comme un tombeau muré,
La chambre des adieux où[aj] plus rien ne s'agite,
Où l'air jaunit le cierge et sèche l'eau bénite,
Où le lit garde en creux les traits du corps pleuré.

Mais à la porte close et dont le gond se rouille,
Une ombre souvent passe et longtemps s'agenouille,
L'œil collé sur la fente où glisse un jour moqueur.

C'est la mère !... Son corps est d'un spectre, et son cœur
Gît, stoïque amputé que sa souffrance enivre,
Oubliant de mourir, et dédaignant de vivre[ak].

[aj] *Les Éphémères*, IIe série, 1857, *Sonnets*, 1858 et 1859 : « La chambre funéraire, où ».

[ak] *Les Éphémères*, IIe série, 1857, *Sonnets*, 1858 et 1859 : « Que rien ne peut charmer, que rien ne peut abattre, / Sans mourir a cessé de penser et de battre ».

CLXXIII

ACCORD PARFAIT

Un soir d'automne, au fond d'un bois,
Ce fut fête pour mon oreille :
Le cor, la flûte, et le hautbois,
À l'unisson faisaient merveille[al].

Le hautbois, la flûte et le cor
Des Œgipans[130] sonnaient la lutte ;
Le cor, le hautbois et la flûte
Des trois Grâces menaient l'accord[am].

J'allais, m'inspirant de ce thème
Quand soudain part un cri suprême ;
J'accours. – À la garde ! au sergent ![an]

Le cor, ivre comme une brute,
Était égorgé par la flûte
Dont le hautbois volait l'argent !

[al] *Sonnets*, 1859 : « "Le cor, la flûte et le hautbois, / Mis à l'unisson, font merveille ; / C'est du miel qu'on boit par l'oreille, / C'est trois caresses à la fois ».

[am] *Sonnets*, 1859 : « C'est un ruisseau clair dans le bois, / Qui vous endort et vous éveille ; / C'est un susurrement d'abeille, / C'est un lent Noël d'autrefois ».

[an] *Sonnets*, 1859 : « Douce harmonie..." – À l'instant même, / Je crus entendre un cri suprême ; j'accourus d'un pas diligent. ».

CLXXIV

UN LIT POUR DEUX
I

La haute salle est toute en joie ;
– Belle nuit pour le citadin !
Un brasier d'enfer y flamboie
Sur les débris[ao] d'un grand[ap] festin.

Aux volets bien clos se déploie
Le lourd damas du lambrequin,
Et du Nord le souffle incertain
Dans ses plis doucement se noie.

Sous la plume le maître dort,
Il y respire avec effort,
Et le sang empourpre sa face.

Il rêve d'un lit sans rideaux
Où le corps à l'étroit se glace[aq],
Où la chair laisse à nu les[ar] os ![as]

[ao] *Sonnets*, 1858 : « reliefs ».
[ap] Préo., 1856 : « bon ».
[aq] Préo., 1856 : « le corps a si peu de place ».
[ar] Préo., 1856 : « la chair y quitte les ».
[as] Préo., 1856 : daté : « Décembre 1856 ».

CLXXV

UN LIT POUR DEUX
II[at]

À la vitre le grésil tinte ;
– Triste nuit pour le bûcheron !
Dans l'âtre, sous la cendre éteinte,
Se consume un lent fumeron.

Par les crevasses de l'enceinte[au],
Le Nord entre avec un juron ;
Le toit branle sur le chevron ;
Dans la masure tout est plainte.

Le pauvre homme à terre est assis ;
L'œil atone, les doigts transis,
La faim rentre sa lèvre bise.

Il rêve d'un lit de sapin
Où l'on dort sans peur de la bise,
Sans souci du feu ni du pain !

[at] Préo., 1856 et *Les Éphémères*, IIIe série, 1857 : sans titre, mais avec les chiffres romains : « II ».

[au] Préo., 1856, *Les Éphémères*, IIIe série, 1857 et *Sonnets*, 1858 : « À travers la tuile disjointe ».

CLXXVI

LE MAL SUPRÊME

Mon cœur à défaillir ne s'est pas endurci ;
C'est un appât saignant qu'à Satan Dieu dispute ;
Tout est cri dans ma chair ; comme Job, je suppute
Mes jours par mes douleurs ; Sort infernal, merci !

A-t-il assez fouillé mon sein, l'ardent souci ?
L'outrage a-t-il assez exaspéré ma chute ?
Ma grimace d'angoisse est-elle bien ainsi ?
Ai-je assez dépensé de mon âme en la lutte ?

Hé bien, je voudrais mieux ! j'ai vainement goûté
L'intime brisement dans son acuité ;
J'ai soif d'une douleur plus vive, ô Dieu[av] farouche !

Fais que je ressuscite, étant mort à demi,
Rien que le temps d'offrir à mon sombre ennemi
Un baiser qu'il efface en essuyant sa bouche !

CLXXVII

CE QU'ON N'ATTEND PAS

Le voilà sur son lit ; la fièvre mord ses[aw] os.
Est-il-donc en danger ? Pour assurer sa cure[ax],

[av] *Papillons noirs*, 1858 et *Sonnets*, 1859 : « ô Sort ».
[aw] *Sonnets*, 1859 : « fièvre est dans ses ».
[ax] *Sonnets*, 1859 : « Pourquoi s'inquiéter ? ce n'est rien. Pour sa cure ».

Quelques jours suffiront : le médecin l'assure.
En attendant, il songe, et se tient ce propos :

« J'ai sué sang et eau, tant la tâche[ay] était dure !
Enfin, me voilà riche ! à moi les longs repos !
J'ai des goûts réguliers, du temps, un cœur dispos,
De mes beaux revenus je ferai feu qui dure.

Dans mes champs, s'il vous plaît, nous passerons l'été ;
Ma femme est frêle, et l'air lui rendra la santé.
Mourrait-elle avant moi ? J'en ai parfois la crainte. »

On sonne, sa[az] femme entre, et d'un air atterré :
« Du courage, mon fils ! c'est monsieur le Curé
Qui vient te préparer à faire une mort sainte. »

CLXXVIII

SUB SOLE QUID NOVI ?[ba] [131]

Sous mes yeux vainement tout se métamorphose,
L'enfance en la vieillesse, et le jour en la nuit ;
Dans ce travail muet qui crée et qui détruit,
C'est toujours même loi, même effet, même cause[bb].

Aujourd'hui vaut hier[bc]. Comme un collier morose
L'Ennui soude le jour qui passe au jour qui suit ;

[ay] *Sonnets*, 1859 : « J'ai sué tout mon sang, et la tâche ».
[az] *Sonnets*, 1859 : « À l'instant, sa ».
[ba] *Les Éphémères*, IIIe série, 1857 et *Sonnets*, 1859 : « Sub sole nil novi ».
[bb] *Les Éphémères*, IIIe série, 1857 et *Sonnets*, 1859 : « même être, et même chose ».
[bc] *Les Éphémères*, IIIe série, 1857 et *Sonnets*, 1859 : « c'est hier ».

Et l'immobile Dieu gouverne ce[bd] circuit
Où l'acteur machinal prend et quitte sa pose[be].

Sur[bf] le rayon de l'heure et dans le bruit des jours,
La Vie a beau tourner, rien ne change son cours ;
Le pendule uniforme au front du Temps oscille.

N'est-il donc nulle part un monde où l'inconnu
Déconcerte l'attente, où, sur le cadran nu,
La Fantaisie en fleur fasse la folle aiguille ?[bg]

CLXXIX

UN BON MOUVEMENT[bh]

Tant pis si ma tunique a des taches vermeilles !
L'aigle, après le combat, devient un peu vautour.
Place au butin ! Voici de quoi plaire à l'Amour !
D'abord, cette ceinture, un tissu de merveilles ;[bi]

[bd] *Les Éphémères*, IIIe série, 1857 et *Sonnets*, 1859 : « L'Immobilité dort au fond de ce ».

[be] *Les Éphémères*, IIIe série, 1857 et *Sonnets*, 1859 : « Où la Variété n'alterne que la pause ».

[bf] *Les Éphémères*, IIIe série, 1857 et *Sonnets*, 1859 : « Dans ».

[bg] *Les Éphémères*, IIIe série, 1857 : « Ô Mort ! n'ouvriras-tu la sphère ou l'imprévu / Déconcerte l'attente, où l'œil n'a jamais vu / Sur le même cadran passer la même aiguille ? ».

[bh] *Les Éphémères*, IIIe série, 1857, *Sonnets*, 1858 et 1859 : « Un scrupule brutal ».

[bi] *Les Éphémères*, IIIe série, 1857 et *Sonnets*, 1858 : « J'accours, ivre d'honneur ! Là-bas j'ai fait merveilles, / Et voici le butin que j'apporte à l'amour. / Une femme étalait, sur un sein fait au tour, / Cette riche ceinture aux facettes vermeilles ; » ; *Sonnets*, 1859 : « J'accours, ivre d'honneur ! Là-bas j'ai fait merveilles, / Et voici le butin que j'apporte à l'amour. / Une vierge étalait, sur un sein fait au tour, / Cette riche ceinture aux facettes vermeilles ; ».

Le cœur qu'elle enlaçait ne battra plus au jour.
Puis, ces boucles d'argent[bj], massives et pareilles ;
J'ai dû, pour les ravir, arracher deux oreilles,
Deux oreilles de fée au suave contour.

Puis, ce lourd anneau d'or, qu'une petite fille[bk]
À sa jambe agitait rivé sur la cheville ;
Le bijou me tentait ; mais, ne pouvant l'ouvrir[bl],

J'ai scié, pour l'avoir, sa jambe de gazelle.
L'enfant, ainsi boiteuse, avait l'air de souffrir :
J'eus un bon mouvement, et – j'éventrai[bm] la belle.

CLXXX

JOURS FROIDS[bn]

Voici l'Hiver aux mains livides :
Ses dents sans pain claquent de froid ;
Sa voix pleure comme un beffroi ;
Ce sont des fosses que ses rides.

[bj] *Les Éphémères*, IIIe série, 1857, *Sonnets*, 1858 et 1859 : « Entre ceinture et sein mon glaive s'est fait jour ! / Et ces deux boucles d'or ».

[bk] *Les Éphémères*, IIIe série, 1857, *Sonnets*, 1858 et 1859 : « Et cet anneau d'argent qu'une autre jeune fille ».

[bl] *Les Éphémères*, IIIe série, 1857, *Sonnets*, 1858 et 1859 : « Carcan mis au berceau, qu'on ne peut plus rouvrir ».

[bm] *Les Éphémères*, IIIe série, 1857, *Sonnets*, 1858 : « – Horreur ! La malheureuse a-t-elle dû souffrir ! / – Point trop ; j'en eus scrupule, et j'éventrai » ; *Sonnets*, 1859 : « – Horreur ! La malheureuse a-t-elle dû souffrir ! / – Un peu ; j'en eus scrupule, et j'éventrai ».

[bn] *Papillons noirs*, 1858 : « Jours froids. / À M. Antoine Péricaud l'aîné » ; *Sonnets*, 1858 : « Jours froids / À M. Ant. Péricaud aîné » ; *Sonnets*, 1859 : « Jours froids / À M. A. Péricaud ».

L'Ennui bat nos fronts assombris ;
La brume abaisse le ciel gris ;
Adieu les horizons sans bornes !

Comme un essaim d'oiseaux mouillés,
Nos beaux Amours éparpillés
Rentrent au nid, frileux et mornes.

Chaque hiver leur nombre décroît ;
Et le cœur trébuche en ses vides,
Comme un promeneur à l'étroit
Dans l'enclos des tombes humides[bo].

CLXXXI

L'HORLOGE

Cette nuit, tu dormais, et l'heure clandestine
S'échappait de l'horloge au pouls intermittent,
Quand je mis sur ton cœur mon oreille, écoutant[bp]
Cet autre bruit que fait la vie en la poitrine[bq].

La vie ! – ah ! c'est la force amoureuse et divine
Qui procède en silence et par un jet constant,
Que chacun de nous sent en soi, que nul n'entend ;
Toi, tu n'es pas la vie, ô bruit de la machine !

[bo] *Papillons noirs*, 1858, *Sonnets*, 1858 et 1859 : « Et le cœur, pour cacher ses vides, / Retourne en vain ses plis arides, / Il se fait toujours plus étroit ».

[bp] *Les Éphémères*, IIe série, 1857 : « oreille, un instant, ».

[bq] *Les Éphémères*, IIe série, 1857, *Sonnets*, 1858 : « Pour entendre la vie au moins dans ta poitrine ».

Le pendule du sang dans l'artère oscillait
Comme l'horloge au mur, et l'âme sommeillait ;
Il faisait noir : – j'eus peur, de cette peur qui navre.

Qu'il soit fer dans l'horloge, ou fibre dans la chair,
Tout ressort enfin s'use à force de marcher ;
Il s'use ! adieu[br] l'horloge ! – enlevez ce cadavre[bs] !

CLXXXII

IN EXTREMIS[bt]

C'est le petiot à Pierre avec sa mère-grand.
Ils vont l'un traînant l'autre ; et l'on peut dire à peine,
Tant ils ont même pas douteux, même air souffrant,
Si la vieille le guide, ou si l'enfant la mène.

La faiblesse est l'aimant qui, dans la ronde humaine,
Fait les extrêmes bouts l'un l'autre s'attirant :
Alliage divin qui rattache au courant
Ces mille anneaux brisés dont l'être fait sa chaîne.

La vieille va sans voir ; dans son âme il fait nuit ;
Tristement sa pensée en arrière s'enfuit
Vers les rêves semés sur la route suivie.

L'enfant trébuche et pleure, et, d'instinct, il craint tout.
D'une part, impuissance ; et de l'autre, dégoût ;[bu]
Entre ces deux malheurs, la vie ! – Est-ce la vie ?

---

br *Les Éphémères*, IIe série, 1857 : « Qu'il cesse, adieu ».

bs *Les Éphémères*, IIe série, 1857, *Sonnets*, 1858, 1859 et 1864 : « on relève un cadavre ».

bt *Sonnets*, 1859 : « In extremis / À M. Ch. De Franciosi ».

bu *Sonnets*, 1859 : « Il avance en tremblant. – Impuissance et dégoût ! ».

CLXXXIII

FEBRIS ACCESSIO[bv]

Je me sentais descendre, emporté dans le vide,
Les spirales sans fin d'un abîme sans fond ;
J'entendais clapoter, dans l'inconnu profond,
Comme les caillots lourds d'une flaque sordide ;

Rien ne faisait lueur dans cette nuit livide ;
Rien ne ralentissait mon élan furibond ;
Mon corps frappait aux flancs de l'entonnoir avide,
De seconde en seconde ; une plainte par bond !

Désespoir insensé ! mes deux mains frémissantes
Vainement s'incrustaient dans les parois glissantes ;
Le sol railleur fuyait sous mon ongle tendu !

Et j'écoutais pleurer, à distance infinie,
Une voix qui disait : « Le pauvre homme est perdu !
Le voyez-vous froisser son drap dans l'agonie ?[bw] »

[bv] *Les Éphémères*, IIIe série, 1857, *Sonnets*, 1858 et 1859 : « Febris accessio. / À M. le docteur Fraisse ».

[bw] *Les Éphémères*, IIIe série, 1857, *Sonnets*, 1858 et 1859 : « Il ramène son drap sur lui, c'est l'agonie ! ».

CLXXXIV

LA BELLE-MÈRE[bx] [132]

La Vie est belle encore en sa grâce éphémère,
Si belle, qu'on voudrait, tout un siècle, en ses bras
Épuiser à longs traits, sans être jamais las,
Le sein voluptueux de la douce Chimère.

Ce qui la déprécie et nous la rend amère,
C'est ce monstre[by] hideux qui la suit pas à pas,
Incessant espion, sinistre belle-mère,
Dont l'œil terne et jaloux s'impose à nos ébats ;

Qui gourmande aigrement ; dont le front qui sourcille
Fait passer de l'humeur sur le front de sa fille,
Nous gâte son amour, nous glace son transport ;

Qui s'incarne si bien dans tout ce qu'elle touche,
Qu'en embrassant la Vie on trouve sur sa bouche
L'horrible embrassement de sa mère la Mort !

---

bx *Les Éphémères*, IIIe série, 1857 et *Sonnets*, 1858 : « La belle-mère. / À J. Tisseur. ».

by *Les Éphémères*, IIIe série, 1857, *Sonnets*, 1858 et 1859 : « spectre ».

CLXXXV

L'ANNEAU DU MORT[bz]

J'étais défunt. Mon âme, incertaine fumée,
Voltigeait sur mon corps, et regardait les vers,
Carabins ténébreux, travailler dans mes chairs,
Lorsqu'un bruit dérangea cette horde affamée.

À mon doigt brillait l'or, don de la bien-aimée.
Le croquemort s'en vint, mit là tout à l'envers,
Et j'aperçus bientôt la bague[ca] aux reflets verts
Glisser de mon doigt roide en sa main refermée.

Sa maîtresse à deux pas l'attendait[cb]. En voyant
Luire sous ses deux yeux le bijou chatoyant,
Elle pâma d'envie et ne fut plus farouche.

Or j'étais entre eux deux ; ils parlaient bouche à bouche
Qu'advint-il ? J'en rougis[cc] ; mais, à neuf mois de là,
Je renaissais. – Voici l'anneau qu'on me vola.[cd]

[bz] *Les Éphémères*, IIIe série, 1857 et *Sonnets*, 1858 : « L'anneau du mort. / À M. Eugène Jouve ».

[ca] *Les Éphémères*, IIIe série, 1857, *Sonnets*, 1858 et 1859 : « j'aperçus fort bien la bague ».

[cb] *Les Éphémères*, IIIe série, 1857, *Sonnets*, 1858 et 1859 : « Sa bien-aimée à lui l'attendait ».

[cc] *Les Éphémères*, IIIe série, 1857, *Sonnets*, 1858 et 1859 : « Qu'advint-il ? Dieu le sait ».

[cd] *Les Éphémères*, IIIe série, 1857, *Sonnets*, 1858 et 1859 : « Je revenais au monde ; et l'anneau, le voilà ! ».

CLXXXVI

LE FAISEUR DE CERCUEILS[ce]

Le charpentier des morts sommeille. Il est minuit.
Tout à coup l'établi poudreux craque, et les planches
S'agitent çà et là comme autant d'ombres blanches.
Oh ! dit-il fou de peur, qui fait ce méchant bruit ? »

Là-bas, dans ce coin sombre où leur acier reluit,
Grincent la lime rude et la scie aux dents franches ;
Les ciseaux dans le bois ont fait crier leurs tranches ;[cf]
Le rabot a sifflé ; mais qui donc les[cg] conduit ?

Le sapin s'équarrit, se charpente et se change[ch]
Sous d'invisibles mains en quelque chose étrange ;[ci]
C'est long, lourd, et béant[cj]. – Un fantôme apparaît :

« Ohé ! maître, debout ! Tes morts t'ont fait ta bière ! »
Le coq chante. Il s'éveille. – Il est au cabaret.
« Debout ! criait sa femme ; ohé ! vieux sac à bière ! »

[ce] *Les Éphémères*, IIIe série, 1857, *Sonnets*, 1858 et 1859 : « Le faiseur de cercueils. / À M. Armand Fraisse ».

[cf] *Les Éphémères*, IIIe série, 1857, *Sonnets*, 1858 et 1859 : « Les ciseaux ont gémi, qui donc frappe leurs manches ? ».

[cg] *Les Éphémères*, IIIe série, 1857, *Sonnets*, 1858 et 1859 : « le ».

[ch] *Les Éphémères*, IIIe série, 1857, *Sonnets*, 1858 et 1859 : « s'équarrit, s'évide, et se transforme ».

[ci] *Les Éphémères*, IIIe série, 1857, *Sonnets*, 1858 et 1859 : « en charpente difforme, ».

[cj] *Les Éphémères*, IIIe série, 1857, *Sonnets*, 1858 et 1859 : « Longue, lourde, béante ».

CLXXXVII

LES QUATRE PLANCHES[ck]

L'Amour avait scié quatre planches d'un chêne.
Vient une mère : « Ami, je voudrais un berceau,
Mais un berceau mignon, pour cet Amour nouveau
Dont tu seras parrain, par grâce souveraine[cl]. »

Une vierge s'avance avec son jouvenceau :
« Je l'épouse, dit-elle, à la rose prochaine ;
Ami, par un baiser je te paîrai [*sic*] ta peine
Si de mon lit d'hymen tu fais un vrai joyau. »

Passe un vieillard : « Ami, j'ai de l'or en réserve ;
Le veux-tu ? Construis-moi, d'un bois qui se conserve,
Le logis[cm] que tu sais pour[cn] ce corps importun. »

« Marché fait ! dit le Dieu, riant dans ses dents blanches.
Berceau, lit nuptial et cercueil, c'est tout un :
Je vais leur assembler gaîment ces[co] quatre planches. »

[ck] *Les Éphémères*, IIIe série, 1857 : « L'art d'aimer. À M. Ludovic Lalanne ».

[cl] *Les Éphémères*, IIIe série, 1857 et *Sonnets*, 1858 : « parrain, pour peu qu'il te convienne » ; *Sonnets*, 1859 : « parrain, et ma fille marraine ».

[cm] *Les Éphémères*, IIIe série, 1857 : « coffre ».

[cn] *Sonnets*, 1858 : « La châsse du sommeil pour ».

[co] *Les Éphémères*, IIIe série, 1857 : « Tout consiste dans l'art d'aimer… ces » ; *Sonnets*, 1858 : « Tous consiste dans l'art d'unir ces ».

CLXXXVIII

ÉPILOGUE[cp]

Ainsi tombaient sans art, tantôt graves et doux,
Ces fils de ma pensée à l'aile clandestine ;
D'éphémères parfums, que l'amitié butine,
Je formais ma corbeille avec un soin jaloux[cq] ;

Quand soudain, dispersant mes vers sur mes genoux,
M'apparut je ne sais quelle Muse lutine[cr] ;
Elle frappa mon front d'un rameau d'églantine[cs] :
« Tiens ! je venge mes sœurs ! » me fit-elle en courroux.

Elle fuit à ces mots. Je vole sur sa trace ;
Palpitant, je l'atteins. Savez-vous qui j'embrasse
Dans cette illusion prompte à s'évanouir ?

C'était d'Anacréon la colombe fidèle[133].
L'oiseau des chauds baisers disait, battant de l'aile :
« Ce qu'on passe à rêver est perdu pour jouir ! »

[cp] *Éphémères*, 1847 : « Épilogue / À Madame... » ; *Sonnets*, 1858 et 1859 : « Épilogue / À M. Yémeniz, consul de la Sublime Porte Ottomane ».

[cq] *Éphémères*, 1847, *Sonnets*, 1858 et 1859 : « corbeille, et je songeais à vous ».

[cr] *Éphémères*, 1847, *Sonnets*, 1858 : « badine ».

[cs] *Éphémères*, 1847, *Sonnets*, 1858 : « aubépine ».

LES FIGULINES[134]

Humblement j'accuse mon vice :
L'amour, – un vice radoteur !
C'est le vôtre aussi, ma lectrice ;
Protégez-moi, belle complice,
Contre la vertu d'un lecteur
Qui les a tous à son service.
J. S.

PRÉFACE

LE SCEAU DIVIN

Le Serpent, l'œil mi-clos sur ses vertes spirales,
Disait, voyant sortir Eve de l'ébauchoir
Ainsi qu'un bloc taillé dans d'immenses opales :
« Quelque merveille encore ! Enfin nous allons voir ! »

L'œuvre mise au soleil, il accourt, et s'écrie :
« Je n'aurais pas mieux fait pour damner l'univers,
Seigneur ! que cette lèvre où dort la rêverie,
Et ce regard humide, innocent et pervers,

Que ces cheveux, ces bras, filets d'or, nœuds de roses,
Qui vont emprisonner corps, âme, et toutes choses ! »
– « Attends, dit le Seigneur, que j'appose mon sceau

Sur ce front où le Beau lutte avec la Malice. »
Il y creusa ces mots : AMOUR et SACRIFICE.
– « Ah ! Dieu ! mais c'est gâter un si gentil morceau ! »

Une dame lyonnaise[a].

16 décembre 1860.

PROLOGUE

LINEA

Le poème infini des plaisirs, des douleurs,
Se lit dans une ligne, et Dieu fit, pour l'écrire,
L'arc moelleux de la lèvre où se tend le sourire,
Et la courbe de l'œil d'où jaillissent les pleurs.

Même contour frémit, même ellipse respire
Dans le galbe ondoyant des vierges et des fleurs.
La Beauté n'est qu'un rythme aux changeantes valeurs ;
L'Idéal, c'est le chant ; la Forme, c'est la lyre.

Du type éblouissant dont s'enivrent mes yeux
Je m'efforce à[b] fixer quelques traits gracieux ;
À genoux je t'épelle, ô splendide poème !

On dit tes mots obscurs, on dit ton sens fatal ;
Mais j'y vois par le cœur, translucide cristal,
Et j'ai touché la clef de tout savoir : Je t'aime !

---

[a] *Les Figulines*, 1862 et *Sonnets*, 1864 : « Alexine G. ».
[b] Préo., 1861, *Les Figulines*, 1862 et *Sonnets*, 1864 : « Je m'essaie à ».

I

PUELLA

Pendant des jours, des nuits, des semaines, des mois,
Le sculpteur a pétri sa maquette ébauchée ;
Mais l'argile, à merci touchée et retouchée,
Reste lourde, guindée et gauche entre ses doigts.

Son jeune apprenti rit de sa mine fâchée.
– « Maître ! si j'essayais ! dit-il d'un air narquois :
La poupée est mon fort, j'en ai fait maintes fois,
J'ai même à cet endroit une vertu cachée. »

Il dit, la prend ; soudain, les yeux de resplendir,
Le corps de s'effiler, le sein de s'arrondir,
Et le cœur de vibrer. – « Vois, maître ! cette argile

S'est transformée et vit ! » – Sur quoi, la lui rendant :
« Je suis l'Amour ; adieu ! Garde-la d'accident,
Car la chose est sans prix, et la pâte est fragile. »

II

GRACILIS

Tandis que le géant, sous sa botte qui sonne,
Arpente les sommets que nous ne voyons pas,
Viens à moi, Cendrillon ! Ton pied d'enfant, mignonne,
Ferait quatorze pas dans un seul de ses pas.

Quel honneur de toucher aux astres qu'on étonne !
Pour atteindre là-haut j'aimerais ses grands bras !
Mais, si dans mes dix doigts ta taille s'emprisonne,
Mon ciel n'est pas moins beau pour être un peu plus bas.

Que va-t-il rapporter à l'Ogresse adorée ?
Quelque étoile arrachée à l'écharpe éthérée,
Quelque perle surprise aux écrins ténébreux.

Moi ! sans aller si loin, je te monte en camées
De ces petites fleurs par un Dieu nain semées
Sur les petits gazons, pour les nains amoureux.

III

FORMOSA

Si nous vivions au temps où la forme vantée
Rendait l'airain docile et l'ivoire assoupli,
Où le marbre, fait chair, voyait pour Galatée[135]
Se disputer Paros, Carrare et Pantéli[c][136],

Le rêve du ciseau se croirait accompli.
En bronze, ivoire et marbre il vous aurait sculptée ;
Vous auriez des autels, et vous seriez chantée
Par tous ces oiseaux-bleus qui planent sur l'oubli

Car vous avez, enfant, cette grâce mystique,
Ce charme contenu de la statue antique,
Mélange de pudeur et de désir caché.

---

[c] Préo., 1861, *Les Figulines*, 1862 et *Sonnets*, 1864 : « Pentéli ».

Vous aimer, est-ce un culte ? est-ce une idolâtrie
En vous l'Éros profane eût soupçonné Marie ;
Et, par vous, l'autre Amour se souvient de Psyché.

IV

RUSTICA

La terre a beau ternir sa ciselure fine
L'urne qu'amène au jour le pic démolisseur
Ne perd rien de son prix à l'œil du connaisseur,
Si la forme est étrusque ou la taille latine.

Que les sots, te jugeant sur ta rude épaisseur,
Boue aux pieds, hâle au front, sarreau sur la poitrine,
Se détournent de toi, ma fille ! le penseur
Lit le sceau magistral empreint sous ta patine,

Un autel à Vénus gardeuse de brebis !
Mais non ; dors dans ta gangue, insoucieux rubis,
Et surtout, garde-toi des chercheurs de merveilles.

Ils sertiraient sur or tes beautés nonpareilles ;
Et dans l'écrin banal ta grâce aurait perdu
Ce charme qu'on lui trouve aux champs, – l'inattendu.

V

INTEMERATA[137]

Elle est à la saison des premières candeurs,
Où l'âme a son duvet aussi bien que la joue.
Ses doux yeux sont baissés, et son rêve se joue
Dans le ciel des Désirs voilés par les Pudeurs.

Comme un fruit savoureux, les Amours maraudeurs
La guettent, les cruels ! Maudit soit qui secoue
L'amandier en avril, et qui jette à la boue
Ses frais étonnements, ses naïves ardeurs !

Vierge, gare aux larrons ! défends ta beauté close !
Car tu leur livrerais ton énigme, ô sphinx rose,
Sans épuiser leur soif de plaisirs inconnus.

Ce qu'on recherche en toi n'est pas ce qu'on découvre ;
Enfant, me comprends-tu ? Vois ce bouton qui s'ouvre :
La fleur qu'il a livrée, il ne la promet plus !

VI

FACILIS

Ce n'est plus toi ! c'est toi pourtant. Quand je t'aimai,
Tu portais fièrement ta primeur rose et tendre.
Un autre a pris ce fruit impatient d'attendre :
Mon cœur dans son regret s'est lui-même embaumé.

Du ciel immaculé qu'on souffre à redescendre !
Mais tu n'es plus là-haut. Le vampire affamé
A bu ton sang vermeil, et le vice a fermé
Son plomb sur ton passé, ma douloureuse cendre.

Tu veux la réveiller ? – ton souffle libertin
Ranimerait peut-être un tison mal éteint
Dans ce foyer glacé de ma vie engourdie,

Et, nous ressouvenant jusqu'à satiété,
Nous aurions, à défaut d'amour, la volupté.
Non ! – je te veux soleil, et tu n'es qu'incendie !

VII

BLANDA[138]

Moins de fiel qu'un agneau, caressante pour tous,
L'œil placide, le front riant, et l'âme en fête,
Te voilà, chaste enfant, telle que Dieu t'a faite
Un beau jour où le Ciel était clément pour nous.

Par toi l'amour s'épure, et c'est un feu si doux.
Qu'il réjouit le cœur sans monter à la tête.
Comme on fait œuvre pie, il fera ta conquête ;
Comme on prend un ami, tu prendras un époux.

Ménagère à la joie, à la peine obstinée,
Sans plainte et sans remords tu feras ta journée,
Tant qu'au fardeau du soir fléchissent tes genoux ;

Et tu t'endormiras, telle que Dieu t'a faite,
L'œil placide, le front riant, et l'âme en fête,
Quelque jour où le Ciel sera mauvais pour nous.

VIII

VARIA

Du gel et dégel d'un glaçon
Ainsi meurt et renaît la vigne ;
Ainsi je brûle sur un signe,
Ainsi j'ai froid sur un soupçon

De cette enfant douce et maligne
Qui, moitié pleurs, moitié chanson,
A les piquants du hérisson
Sous les grâces molles du cygne.

« Vivre avec toi me fait souffrir !
Vivre sans toi me fait mourir ! »
Ainsi parle au fourreau la lame.

Moi je te dis, lutin moqueur :
« Je te hais de toute mon âme,
Et je t'aime de tout mon cœur ! »

IX

ARDENS

Tout raisin ne fait pas même vin à l'humour ;
Tout baiser ne met pas au cœur même allégresse.
Qu'il renonce au Porto, celui qui craint l'ivresse !
Qu'il s'éloigne de moi, celui qui craint l'amour !

Je suis la chair de feu, la force enchanteresse
Par qui le front d'un homme est dompté sans retour ;
Le soleil m'a mordue au côté gauche, un jour
Que les cactus mouraient de sa chaude caresse.

Celui qui m'aimera, qu'il me traite à son gré !
Qu'il me soit prêt à tout, celui que j'aimerai !
Oh ! me damner, mais boire à la soif de mon âme !

Car moi, j'ai du sang rouge où d'autres ont du lait ;
Et dans le froid sumac[d] j'ai trempé ce stylet,
Pour le jour où ses yeux verraient une autre femme !

X

FRIGIDA

Un matin de décembre, une troupe d'Amours,
Ou d'enfants, – c'est tout un – désertant le collège,
L'œil émerillonné, le nez vif, les doigts lourds,
S'amusait[e] à bâtir une femme de neige.

Rien n'y manquait. Ce galbe était pur sortilège,
Et ce nu grelottait sous ses voiles trop courts.
Il est sûr qu'un démon venant à leur secours
Leur avait révélé l'idéal du Corrège.

L'un d'eux s'agenouillant : – « Chair vive ou fiction,
Tu seras Galatée, et moi Pygmalion[139] !
Je veux t'aimer d'amour et t'infuser[f] une âme. »

---

[d] Préo., 1861 : « sumac froid ».
[e] *Les Figulines*, 1862 et *Sonnets*, 1864 : « s'amusaient ».
[f] *Les Figulines*, 1862 et *Sonnets*, 1864 : « t'infiltrer ».

Il dit, et dans ses bras il l'étreint. Un passant
Lui crie : – « Hé ! bel ami, soyez moins caressant !
On risque la déesse en dégelant la femme. »

XI

MALEFICA[g]

Malheur à qui l'approche ! il sait à ses dépens
Ce qu'on risque à toucher cette larve livide
Qui dans l'humain sentier glisse par bonds rampants,
Ondoyante et lascive, œil faux et dent rapide.

Son amour est un vin mêlé de cantharide,
Sa haine un ferment noir de poisons en suspens ;
Dans son nid échauffé d'atmosphère putride,
Elle naquit de honte et vit de guet-apens.

Que j'en ai vu blêmir de ceux qu'elle fascine,
Énervés dans leur moelle, éteints dans leur poitrine !
Que j'en ai vu mourir de ceux qu'elle a piqués !

– C'est trop charger vos tons, ami, vous vous moquez !
Parbleu, mais on l'écrase ! Après tout, cette infâme,
Ce n'est qu'une vipère ! – Hélas, c'est une femme ![h]

---

[g] *Les Diables bleus*, 1870 : « Anguis sub herba ».
[h] *Les Diables bleus*, 1870 : daté : « Novembre 1866 ».

XII

LANGUENS

Aimez-vous ces grands yeux d'un bleu pur de pervenche,
Qui, sous de longs cils noirs, à regret s'entrouvrant,
Nous cachent à demi, d'un voile transparent,
Les discrètes lueurs que la prunelle épanche ?

On dirait la pensée en soi-même expirant,
Tant l'effort alourdit ce front pâle qui penche,
Tant la mélancolie a mis son coin souffrant
Sur cette chair dolente où l'âme se retranche.

Son mal est dans le cœur ! ne le voyez-vous pas ?
La nature a beau rire et lui tendre les bras,
Elle hoche la tête et dédaigne de vivre.

C'est un ange ici-bas venu pour expier,
Et qui, proscrit des cieux, n'a pu les oublier.
Ah ! ce mal du pays, la Mort seule en délivre !

XIII

FELINA

J'adore les chats ; je les ai rêvés
En robe de soie et de mousseline.
Tout doux, beau démon ! cette main câline
A leurs ongles fins très bien avivés ;

Dans ces yeux fendus comme l'aveline[140]
Miroitent leurs yeux doux et dépravés ;
Cette lèvre mince aux coins relevés
Tient leur arsenal de grâce féline.

La gazelle au tigre ! au chat la souris !
À toi ce cœur pris, quitté, puis repris,
Dans ces jeux cruels où le vif s'entame !

Il plaît à mon cœur d'être égratigné ;
Et tes chauds baisers lui sont un dictame
Qui le guérit mieux s'il a bien saigné.

XIV

MOROSA[i]

Le soleil est soleil ! – une flamme divine
Qui darde le sourire au beau milieu du front ;
Le sourire est sourire ! – un éclair rubicond
Qui fixe le soleil au creux de la poitrine.

Mais je connais des jours d'automne où la bruine
Tend son écran jaloux devant le ciel profond ;
Mais je sais des accès de tristesse qui font
Bouder, comme un ciel sombre, une lèvre mutine.

Là-haut, la nue en pleurs va toujours s'étendant ;
On croit le soleil mort ; d'un coin d'œil cependant
Il regarde à travers l'atmosphère plombée.

---

[i] Préo., 1861 : « Tristis ».

Tes chagrins, belle enfant, sont des brumes d'un jour ;
Ton cœur mène le deuil ; et, tout au fond, l'Amour,
Comme un soleil sournois, rit à la dérobée.

XV

DULCISONA[141]

Sur ta lèvre, conque rosée,
Ton âme s'épanche à plein bord
Par le rire, plaisant accord,
Par la voix, plaisante risée.

Ta voix, c'est la note brisée
De l'alouette en son essor ;
Ton rire est la perle irisée
Qui tinte en s'égrenant dans l'or.

Ta voix est un verbe magique
Où le rire met sa musique
Pour faire un duo de Noël.

Lorsqu'à Dieu tu rendras ton âme,
D'un rire elle ira droit au ciel
Dans la spirale d'une gamme.

XVI

PAUPER

Encor qu'on soit pauvresse, on sait par son miroir
Qu'on est faite à ravir. Le visage a du hâle,
Mais, s'il vous plaît, voyez sous ce pli du mouchoir,
La peau chaude passer du bistre au blanc d'opale.

Agar devait porter ainsi sa beauté mâle.
Fi ! la jupe est coton ! – mais l'œil est velours noir ;
Les cheveux sont trop roux ! – d'accord ; en peut-on voir
De plus longs encadrant un plus correct ovale ?

Fillette, c'est raison de marcher le front haut
Comme tu fais ; car Dieu, si l'or te fait défaut,
Garde à ta pauvreté des faveurs plus friandes ;

Il ajoute au pain noir qu'il te doit chaque jour
La musique du cœur et le vin doux d'amour,
Luxe envié, crois-moi, des dames les plus grandes.

XVII

PUNCTA

Tu le tais en vain : je devine
À ton œil rouge, à ta pâleur,
Éden troublé de quelque pleur
Et l'Amour piqué d'une épine.

C'est d'un brisement que la fleur,
Hier bouton, sort églantine ;
Ainsi toute plante divine
S'épanouit dans la douleur.

Dieu n'est riant que par Dieu sombre,
La clarté n'est qu'au prix de l'ombre,
Le doux n'est qu'au prix de l'amer,

Le printemps par l'hiver s'assure,
L'or ne vaut que d'après le fer,
Le baiser d'après la morsure.

XVIII

INERS[142]

Je n'eus point, hier, de proie abattue,
– Se disait l'Amour. – Contre mon pouvoir
L'homme se cuirasse : on lui fait trop voir
Dans l'œil qui séduit la flèche qui tue.

Quelle faute aussi ! peut-on concevoir
Ma mère si folle et si peu vêtue !
Ça, pour les leurrer, créons la statue
De la Grâce inerte, en son nonchaloir.

Noyons dans des flots de soie et de gaze
Ce corps indolent tout chargé d'extase ;
Puis, ici, cachons quelque traits aigus,

Afin qu'aux rôdeurs ce soit une amorce,
Et que, l'estimant un objet sans force,
Pour s'en moins garder ils soient mieux vaincus.

XIX

PROCAX[143]

Les cheveux à l'orteil elle est agacerie,
La pomme à moitié mure où l'enfant va mordant,
Ne fait point tant courir de frissons sous la dent
Que n'en attise au cœur sa vive espièglerie.

C'est de l'art toujours neuf et qui toujours varie :
En jouant elle attire, elle dompte en cédant ;
Sa moue est empruntée à quelque ange boudant ;
Nul ne sourit comme elle, à moins que Dieu sourie.

Il n'est amour si fort ni si découragé
Où son regard ne calme et n'excite à son aise
L'aiguillon furieux dont il est démangé ;

Comme il n'est pas de soif que n'irrite et n'apaise
Ce fruit qui, par instant, a le suc de la fraise,
Et, par instant, le feu du piment enragé.

XX

AUGUSTA

Tu ne seras jamais la Grâce familière
Livrant un coin d'écharpe à l'Amour indiscret :
Esclave, il s'humilie, en son trouble secret,
Sous l'impassible éclat tombé de ta paupière.

Ta lèvre fuit le rire, et vraiment l'on dirait,
À voir son coin rigide et sa cambrure altière,
Un arc provocateur ciselé dans la pierre
Et qui, pour se détendre, appelle en vain le trait.

Plus vaste est le volcan, moins il a de saillie.
Ainsi couve en ton sein l'ivresse recueillie ;
Et c'est toi, ce vin grave et sans pétillement,

Par qui notre raison, de sang-froid exaltée,
Se regarde mourir, extatique Suttée[j][144],
Et dans son lit de feu se plonge éperdument[k].

XXI

SIMPLEX

L'orange est d'un haut goût ; c'est le fruit divin[l]. Mais
La mûre des buissons est, à son heure, exquise.
Un air fin vous séduit ? – Un petit air niais
Me paraît savoureux à moi. – Chacun sa guise.

C'est plaisir d'agacer cette tendre bêtise,
Qui porte gauchement les trésors les plus frais,
Comme si la Nature eût tout lacé de biais
En lui passant au corps sa première chemise.

Dans le plaisant déduit, elle ne sait qu'un mot,
Ce doux *nenni* si cher au bon Clément Marot[145] ;
Mais, vite apprivoisée, elle est toute caresse.

---

[j] *Les Figulines*, 1862 : « mourir, et, tranquille Suttée ».
[k] *Les Figulines*, 1862 : « Dans son rêve de feu se plonge lentement ».
[l] Préo., 1861, *Les Figulines*, 1862 et *Sonnets*, 1864 : « doré ».

Qu'on s'en moque[m], je t'aime, ô candide simplesse[146],
Qui donne[n] franchement, et sans le raisonner,
Ce que l'esprit raisonne et sait si mal donner.

XXII

PIA

Sur ce front agaçant ramenez votre mante,
Et, de grâce, priez d'un air moins précieux ;
Imitez votre aïeule, et n'ôtez pas les yeux
De ce missel doré que votre main tourmente.

C'est beau, l'encens qui monte en flots capricieux
Sous la nef que l'éclat des cierges diamante !
Mais, à travers l'encens, des regards curieux
Vous disent, – c'est très laid : – « Que vous êtes charmante ! »

Rentrez en votre cœur, tribunal d'onction,
Et livrez-vous, sans trouble et sans distraction,
Aux colloques divins, aux pieuses querelles.

Vous implorez l'Amour ? Craignez le Dieu jaloux !
Si la foudre écrasait le temple ! Y songez-vous ?
– « Je songe qu'au clocher nichent les tourterelles. »

---

[m] Préo., 1861, *Les Figulines*, 1862 et *Sonnets*, 1864 : « raille ».
[n] Préo., 1861 et *Les Figulines*, 1862 : « donnes ».

XXIII

DESPERATA

Ô le songe poignant et doux qui la captive !
L'Ève ingénue, après qu'au fruit elle eut goûté,
Tout affolée encor de sa faute furtive,
Dut avoir ce regard d'amère volupté.

Ange et serpent, Dieu sait si vous avez lutté !
Mais ces fleurs l'ont grisée. Et la voilà pensive,
Écoutant dans son âme, où nul secours n'arrive,
Mourir le cri dolent que la chair a jeté.

Enfant, reviens à toi ! Sur ces roses brisées,
Aussi bien la nuit passe et verse ses rosées ;
Elle garde aux blessés des philtres inconnus ;

Une larme suffit pour qu'un bouton renaisse.
Mais toi, tu pleurerais mille ans sur ta jeunesse,
Las ! je sais une fleur qui n'y fleurira plus.

XXIV

MISERA

La Misère, à l'écart, a fait ses louveteaux ;
Grâce, ô faons délicats, pour la petite louve !
Car c'est la femme encor, malgré cet œil qui couve
Des regards aiguisés comme de fins couteaux.

Biches, c'est votre sœur ! Taudis qu'en vos berceaux
Le sein blanc de la Vie à vos lèvres se trouve,
Elle, de la Faim maigre a compté tous les os ;
Vous jouissez pour elle, et pour vous elle éprouve !

Ah ! Providence en haut ! en bas Fatalité !
Ne verrai-je entre vous jamais un bras jeté
Qui fasse pont d'amour à toute chair humaine !

Et le divin soleil, qui mûrit tout bourgeon,
Laissera-t-il toujours, en quelque sauvageon,
L'âpre dans la tendresse et le doux dans la haine !

XXV

TALIS QUALIS

Ni trop grande, ni trop petite,
Sans laideur, comme sans beauté,
C'est un scrupule de mérite
Dosé d'un grain de vanité.

En deux mots la voilà décrite.
Qu'en moulant sa pâte, Aphrodite
Ait trop remis ou trop ôté,
Autant qu'un autre elle a coûté.

Passez, délicats ! Ce n'est guère,
Après tout, qu'une fleur vulgaire ;
Mais à toute fleur Dieu sourit,

Et, comme une autre, la coquette
A son printemps qui la fleurit
Et son oiseau qui la becquette.

XXVI

HORRIDA

C'est assez maquiller le visage de Flore.
Laissons pour les trumeaux le lapis-lazuli,
Le carmin qui fait rose et le crocus qui dore.
Le sentiment du beau, c'est l'horreur du joli.

Viens, Satan, me broyer un ton chaud et sonore !
Prends le bitume roux dont ton bouge est rempli,
Et l'incarnat du sang par la flamme embelli,
Et le bleu-noir du fer aux rehauts de phosphore.

Sur un fond désolé, lourd, lugubre, étouffant,
Avec ces trois couleurs peins-moi l'horrible enfant
Par qui mon âme souple au mal fut entraînée ;

Mais, pour être bon prince, ô Satan ! peins aussi,
D'un coin là-haut, quelque ange en amoureux souci
Tendant la clef des Cieux à la belle damnée.

XXVII

FORTIS

Gauloise, ton œil bleu n'est pas toujours limpide ;
Il s'assombrit parfois en d'orageux courroux ;
Ta voix, douce à plier un tigre à tes genoux,
Éclate, par instants, comme un clairon splendide ;

Et tu n'es plus alors la gazelle timide
Qui frissonne et sursaute à l'appel le plus doux,
Mais l'ardente cavale aux emportements fous,
Ébranlant tout des bonds de sa croupe rigide.

Où cours-tu ? Nous irons où tu vas. Ton amant,
C'est un peuple enivré de ton enivrement,
Que l'occulte fureur de ton flanc vierge attire,

Et qui, par toi, devance, ô robuste beauté,
L'heure où s'épanouit enfin sa puberté,
À la fois molle extase et douloureux martyre !

XXVIII

MISERICORS

Fi ! les courts ailerons ! C'est une moquerie !
À peine ils cacheraient nos deux cœurs à la fois !
– En les tenant tirés vers le ciel j'entrevois
Qu'on peut les allonger ; tends-les donc, je te prie.

– Essayons, dit la vierge. – Eh déjà, je parie,
Ils mesurent trois cœurs à l'aise ; ai-je dit trois ?
C'est douze maintenant – Patience ! je crois
Que cent y tiendraient bien. – Ma chair en est meurtrie ;

Mais pour un petit mal, quelle félicité
Si ces plumes gagnaient une envergure telle
Que j'y pusse blottir toute l'humanité !

M'y voilà ! – Sans retard, volons à° Dieu, ma belle !
L'aiglon qui marche à terre est un oiseau moins l'aile,
Et l'Amour, dès qu'il prend de l'aile, est Charité !

XXIX

EXTRANEA

J'irais loin pour te fuir, agaçant esclavage
Des traits accoutumés et du banal baiser.
Mon goût s'est affadi ; je voudrais l'aiguiser
En quelque ivresse fauve, en quelque amour sauvage.

Que de fois j'ai rêvé d'un singulier rivage
Où sur d'étranges seins mon cœur va se poser !
Mais, au tact, il est prompt à se désabuser,
Et, bien vite, il revient à son premier servage.

Je ne m'ébahis pas que le grand modeleur,
Ayant fait la beauté merveille souveraine,
L'ait faite en toute argile et de toute couleur,

Blanche, rose, olivâtre, orange, verte, ébène ;
Mais j'admire qu'Amour, étant, privé d'y voir,
Sache bien distinguer le blanc d'avec le noir.

° *Les Figulines*, 1862 : « volons vers ».

XXX

NOBILIS

Depuis le pâtre aimé par la princesse Hélène[147],
Depuis le Maure aimé par la Desdemona[148],
Est-il encor du sang de race en quelque veine ?
Mais demandez plutôt à l'Amour s'il en a !

Lui, le vrai niveleur de toute morgue humaine,
Prise d'un œil égal marquise et gitana :
Car il dit : « Je suis nu, mets bas ta pourpre, ô reine !
Et comparons les droits que le ciel nous donna. »

C'est par lui que tu croîs en beauté, noble fille !
Il aime à rajeunir les souches de famille ;
Elles vivent sans fin, grâce à sa trahison.

Tandis que ton orgueil ente[149] sur sève usée,
Nuitamment il arrive, et, de sa main rusée,
Greffe d'un rameau franc ton stérile blason.

XXXI

ANGELICA

Oui, tu descends des cieux et n'as rien des mortelles !
Ton être est condensé d'arôme aérien,
Et sur ta fine épaule, en y regardant bien,
J'apercevrais encor la marque de tes ailes.

C'est toi ma Béatrice et mon divin gardien !
Parle ! et devant ce chœur d'étoiles solennelles,
Je me voue à ton culte, âme et corps ! ne crains rien :
Je suis le Roméo des amours éternelles !

– Viens sceller, me dis-tu, cette tendre union ;
Et qu'un écrit passé devant tabellion[150],
Sous le timbre du fisc, au monde entier l'atteste.

– Et demain, me voilà prisonnier, par exploit
D'un ange, – assurément ! – en plein paradis, – soit !
Tenez ! ange adoré, rompons ! – je vous déteste !

ÉPILOGUE

J'avais déjà saisi dans la troupe féerique
Quelques profils au vol, et j'allais poursuivant,
Lorsqu'une beauté fière, au regard colérique,
Me dit : « Poète fou ! ne va pas plus avant !

Sommes-nous fleurs qu'on sèche, ou papillons qu'on pique
Dans le casier poudreux où se mire un savant ?
Autant fixer l'essor des ondes ou du vent,
Autant nombrer les feux du ciel sous le tropique !

Notre type immortel, c'est la Variété !
Dieu passe, à l'ordonner, toute l'éternité,
Et l'homme prétendrait l'épuiser dans sa vie !

Va ! si lourd soit le fonds d'un docte ou d'un amant,
Quelque chose toujours y manque, – et justement
Ce qui manque est l'objet qui fait le plus envie. »

LES DIABLES BLEUS

I

PROLOGUE

Trop souvent, poète éploré,
La tristesse pâlit ta joue.
Fi des Muses qui font la moue !
– C'est vrai, j'ai quelquefois pleuré.

– Trop souvent ta plume se joue
Avec un sujet vénéré ;
Et Veuillot[151] t'en a censuré.
– Quelquefois j'ai ri, je l'avoue.

– Rire et pleurer, c'est d'un enfant.
Tout homme grave s'en défend ;
La sagesse n'est point fantasque.

– C'est bien dit, lecteur avisé.
Dieu, par malheur, m'a refusé
Cette grâce d'état : – le masque.

II

MENS AGITAT MOLEM[152]

Dans ton œuvre entre tout entier !
Assouplis le bronze ou la pierre ;
Du tranchant de ta plume fière
Ouvre à l'âme un ardent sentier.

Mais la nuit boude la lumière.
Qu'elle soit fer, marbre ou papier,
Artiste, il te faut expier
L'entreprise sur la matière.

C'est risquer un terrible enjeu !
Tu n'es pas impunément Dieu
Pour tirer du néant un monde.

Comme une fauve[a] son dompteur,
La matière, une fois féconde,
Dévore son fécondateur.[b]

III

LES IRONIES DE LA MORT[c]

Enfant mal accueilli, comme un fardeau qui gêne,
« Ô Madame la Mort, disais-je, à mon secours ! »

---

[a] *Les Diables bleus*, 1870 : « louve ».
[b] *Les Diables bleus*, 1870 : daté : « Novembre 1869 ».
[c] Préo., 1868 : « Les scrupules de la mort ».

Mais elle : – « Cher baby, j'aime à trancher des jours
Pleins d'azur ; j'attendrai que le ciel t'en amène. »

À vingt ans, rebuté[d] par la beauté hautaine,
« Cette fois, c'en est fait, criai-je à l'autre, accours ! »
Mais elle : – « J'ai souci des cœurs pris à leur chaîne ;
J'attendrai que tu sois aimé de tes amours. »

Plus tard, nouveaux appels (je débutais poète) ;
Mais elle : – « Je fais cas d'un laurier sur la tête ;
J'attendrai qu'on t'imprime et que tes vers soient lus. »

Aujourd'hui, las de tout, je l'implore ; mais elle :
– « Non pas ! ton âme aspire à l'heure solennelle ;
J'attendrai pour venir que tu n'y songes plus. »[e]

IV

IL EST D'HEUREUX MORTELS

Il est d'heureux mortels poussés en bonne sève ;
Leur vie est minutée aussi clair qu'un exploit ;
Ils ont bridé le sort, suivi le sentier droit,
Et mis le pied du fait dans le sillon du rêve.

Ils gagnent les gros lots, ils sont rois de la fève ;
C'est à point qu'ils ont chaud, à propos qu'ils ont froid ;
Et, comme au jour prédit leur mère les conçoit,
C'est à l'instant prévu que la mort les enlève.

---

[d] Préo., 1868 : « repoussé ».
[e] *Les Diables bleus*, 1870 : daté : « Novembre 1866 ».

Pour moi, c'est différent ! tout me fut traquenard,
Le guet-apens du sort m'attend sous chaque chose :
Je veux courir ? je chois ; j'aimais Laure ? j'ai Rose.

Étant né d'aventure et vivant de hasard,
Je mourrai d'accident. – Encor suis-je capable,
Moi mort, d'aller à Dieu pensant aller au diable.[f]

V

ON A SES PAUVRES

L'hiver est venu. La vendange
Dort son soûl dans le cuvier plein,
Et les énormes sacs de grain
Font fléchir le sol de la grange.

Le maître va, vient, compte et range :
Il ne vit jamais pareil gain ;
« Mais, dit-il, Dieu sait bien qu'on mange,
Et qu'on fait sa part au prochain. »

Un rouge-gorge à voix fluette,
Frère quêteur du rien qu'on jette,
Chantait sous l'auvent du fournil[g].

– Sans ces pillards, j'aurais peut-être
Un sac de plus ! » dit le gros maître,
Qui l'abat d'un coup de fusil.[h]

---

[f] *Les Diables bleus*, 1870 : daté : « Novembre 1866 ».
[g] Préo., 1868 : « Chante à la porte du fenil ».
[h] *Les Diables bleus*, 1870 : daté : « Novembre 1866 ».

VI

SUR CETTE MER SOURNOISE

À Mademoiselle Adèle Souchier[153]

Sur cette mer sournoise où les brisants font rage,
Une épave sans prix, c'est le roman de mœurs ;
Qu'une vierge, engloutie en ses fraîches primeurs,
Flotte, sans voile au flanc quel beau succès – d'outrage !

Et tu veux affronter ce public d'écumeurs
À l'affût d'un scandale ou d'un galant naufrage ?
Poète, y songes-tu ? De ces guetteurs d'orage
N'attends ni les bravos ni les sottes clameurs.

Livre aux flots le trésor de tes chères pensées,
Comme une enfant les fleurs dans sa course amassées !
Les blasés se riront de l'odorant essaim ;

Mais quelque ami fervent des grâces enjouées
Recueillera ces fleurs à ses pieds échouées,
Et de leur chaste encens parfumera son sein.[i]

VII

À MARGUERITE L...

Sur sa devise : « On ne m'effeuille pas »

Tandis qu'une haleine brûlante
Du cactus ouvre la prison,

---

[i] *Les Diables bleus*, 1870 : daté : « 1er décembre 1869 ».

L'ellébore, sombre poison,
Éclôt sous la bise dolente.

Ainsi, de toute floraison
Dieu fit l'heure plus ou moins lente,
Et la beauté, comme la plante,
S'épanouit dans sa saison.

Rose, on l'aspire avec ivresse ;
Pomme, on la mord ; grappe, on la presse ;
Tout est gain d'amour ici-bas.

Toi, par qui la loi fut écrite,
Va punir cette marguerite
Qui dit : « On ne m'effeuille pas. »

VIII

DU GIRON MATERNEL

Du giron maternel, en mon neuvième mois,
J'entendis la fanfare et les cris faméliques
De l'ennemi campé sur nos places publiques,
Et je grandis ayant l'horreur des rudes voix.

Il me faut l'entretien discret au fond des bois,
Le murmure voilé des ruisseaux éoliques,
Le furtif coin du feu, quand la bûche des Rois
Se consume en filant des sons mélancoliques.

Du gosier part la corde où se prennent mes sens.
Tout organe plaît-il ? Il en est d'agaçants
Par qui le babil même a l'air d'une dispute.

Rappelle-toi, mon cœur, ce beau soir des amours
Où sa voix gazouillait, douce comme une flûte
Dont les notes mourraient sous des flots de velours.[j]

IX

À UN ÉRUDIT SÉRIEUX

Je te reconnais bien, bâtard de Despréaux[154] !
C'était toi qui, déjà mon argus[155] à l'école,
T'exerçais de bonne heure à l'art du barbacole
Par le fouet aux sept nœuds dont tu cinglais mon dos.

Plus tard je te retrouve échoué dans Paphos,
Lovelace[156] risible, obsédant Vénus folle,
Avec un billet-doux gai comme un protocole,
Tout empesé de gourme et bourré de pathos.

Aujourd'hui, vieux, pédant et blasé, tu te livres
Au plaisir libertin de déflorer nos livres,
De fouailler notre style et de châtrer nos vers ;

Et, tout comme autrefois, tortureur de poètes,
Pour le plus grand honneur des principes tu fouettes
Notre piteuse Muse étendue à l'envers.[k]

---

j *Les Diables bleus*, 1870 : daté : « Décembre 1866 ».
k *Les Diables bleus*, 1870 : daté : « Novembre 1859 ».

X

L'ESPRIT EST PROMPT

L'esprit est prompt, la chair fragile.
Ô cœur plein de témérité !
Que de fois as-tu contesté
Cette sentence d'Évangile ?

Et cependant, vase d'argile,
Quel amour as-tu cimenté,
Qui n'ait, par un coin mal luté,
Fui bientôt comme une onde agile ?

Liens éternels, jougs si doux,
Est-ce à dessein que Dieu jaloux
Suscite, en l'humaine existence,

L'ennui pour vous multiplier,
Pour vous dénouer la distance,
Et le temps pour vous oublier ?[1]

XI

DIGRESSIO

Les pieds sur les chenets paternels, près de l'âtre
Où sont rangés en rond ses fils, le cou tendu,
Le vieux conteur s'embrouille en un récit ardu
Qui chevauche à l'église et s'abat au théâtre.

[1] *Les Diables bleus*, 1870 : daté : « Novembre 1866 ».

Il dit Job le croyant et Brahma l'idolâtre,
La Gaule aux cheveux d'or, la Chine à l'œil fendu,
Passe de Béatrice à Frétillon folâtre
Et de la République au Paradis perdu.

Plus d'un enfant sourit dans sa lèvre maligne ;
Mais leur mère s'attriste, et, leur faisant un signe :
« Chut ! même en ses travers, respect au noble aïeul !

Dieu sans doute au vieillard permet cette faconde
Pour lui faire penser que sa tête est un monde,
Et qu'emportant un monde, il ne mourra pas seul. »[m]

XII

AMI, PRENDS TES PINCEAUX

Ami, prends tes pinceaux : que ton art fasse voir
L'amoureux idéal dont ma pensée est pleine.
Son air est distingué, sa démarche sereine,
L'Inès du Cid avait ce teint chaud, cet œil noir.

Moins doux que son sourire est le soleil du soir,
Sa voix semble un ruisseau de perles qu'on égrène,
Sa sombre chevelure est un rêve d'ébène,
Son haleine doit être un secret d'encensoir.

Sous l'adorable chair mets une âme vaillante ;
Aux charmes de l'esprit, surface pétillante,
Ajoute un cœur ouvert aux exquises bontés.

[m] *Les Diables bleus*, 1870 : daté : « Octobre 1858 ».

– Est-ce tout ? me dis-tu. Va donc au cimetière ;
Tu verras ce portrait gravé sur mainte pierre :
Nos défuntes amours ont toutes les beautés[n].

XIII

JUDAS

Quand l'intendant Judas – un comptable peu fort –
Eut pour trente talents livré son divin maître,
Il se prit en horreur, éprouva du mal-être,
Rendit l'argent, et puis s'alla pendre. Il eut tort !

Il eut tort, pour si peu, d'être mouchard et traître.
S'il eût vendu son Dieu cent mille écus, d'accord !
Il fût mort dans son lit[o], plein de jours, sans effort ;
Et d'un buste son bourg l'eût honoré peut-être.

Moins naïf de nos jours, Judas vit du mépris[p]
Dont les honnêtes gens – les sots[q] – couvrent son crime ;
Il n'y met de pudeur qu'au prorata du prix[r] ;

L'or est son point d'honneur, le lucre est son estime,
L'écart d'un seul denier le rend inconsolé,
Et, s'il se pend jamais, c'est qu'il se croit volé.[s]

[n] *Les Diables bleus*, 1870 : daté : « Novembre 1866 ».
[o] Préo., 1868 : « La mort l'eût pris au lit ».
[p] Préo., 1868 : « Le judas de nos jours brave mieux le mépris ».
[q] Préo., 1868 : « sot ».
[r] Préo., 1868 : « Il y met la pudeur, marchande avec le prix ».
[s] Préo., 1868 : « Il se dit, qu'après tout, l'argent passe l'estime, / S'interdit le remords d'un seul denier perdu, / Et s'il se pend jamais, c'est qu'il a tout perdu. » ; *Les Diables bleus*, 1870 : daté : « Novembre 1866 ».

XIV

CE QUI BLANCHIT LA TEMPE

Ce qui blanchit la tempe et nous fait vieux,
Ce qui nous donne avant le temps l'air grave,
Ce n'est pas l'âge ; – et tout homme le brave
Qui vit naïf comme ses bons aïeux. –

C'est le connu dont nous traînons l'épave,
Sombre ex-voto, supplice de nos yeux,
Toujours plus lourd, comme un poids odieux
Rivé de près aux jambes d'un esclave.

Savoir, c'est être en travail d'expier.
L'expérience est cette morne lande
Qu'Adam défriche, éternel pionnier.

Le doute y croît comme une herbe gourmande ;
Le sol est fait de cendre ; il ne s'amende
Qu'au prix du cœur devenu son fumier.[r]

XV

ENTRE L'ÂNE ET LE BŒUF

Entre l'âne et le bœuf, commensaux de sa crèche,
L'enfant-Dieu souriait au monde à son lever ;

---

[r] *Les Diables bleus*, 1870 : daté : « Octobre 1867 ».

Rois-mages[u] et pasteurs se hâtaient d'arriver ;
Une comète au ciel courait, ardente flèche.

Et les anges dans l'air chantaient d'une voix fraîche :
« Gloire à l'Agneau d'amour venu pour tout sauver ! »
Or, les deux animaux se prirent à rêver,
Et dans leurs grands yeux doux des pleurs se firent brèche.

L'âne dit : « La rançon n'est pas faite pour moi :
Lorsqu'à Jérusalem je mènerai ce roi,
Le fouet ni plus ni moins cinglera ma chair vive. »

Le bœuf dit : « Mon destin n'en sera pas changé !
À Cana, pour fêter dignement ce convive,
On fera chère-lie, – et je serai mangé. »[v]

XVI

CERTAIN JOUR DE TOUSSAINT[w]

Certain jour de Toussaint que le temps était gris,
Comme au bruit des clochers j'entrouvrais la[x] fenêtre,
La Folle du logis dans ma chambre pénètre,
Et dit en minaudant : « Je vais dicter, écris !

– Va-t'en !
– Tu n'es pas gai, sais-tu !
– Non !
– Je m'en ris ;

---

[u] *Les Diables bleus*, 1870 : « Rois mages ».
[v] *Les Diables bleus*, 1870 : daté : « Décembre 1869 ».
[w] Préo., 1870 : « À quoi bon ! ».
[x] Préo., 1870 : « ma ».

Tu vas être charmant tout à l'heure.
– Peut-être !
– J'ai là du neuf ! sonnets rageurs, sonnets fleuris.
– Remporte !
– Ingrat ! sans moi, qui donc t'eût fait connaître !

– Bah !
– J'en puis inspirer d'autres à ton défaut.
– À ton aise.
– Autrefois, tu le prenais moins haut.
– J'eus tort.
– Tu me nommais sacerdoce.
– Hyperbole[y] !

– Écoute au moins la voix de la postérité !
– Ces cloches à coup sûr, lui coupent la parole
Entends-les murmurer[z] : « Vanité ! Vanité ![aa] »

XVII

LA GRÂCE M'A TOUCHÉ

La grâce m'a touché ; je veux quitter le monde
Et faire mon salut d'un cœur simple et pieux.
Pour un damné de moins pensez si l'enfer gronde !
Le Malin me tient donc cent propos captieux :

[y] Préo., 1870 : « – Oh ! du style ».

[z] *Les Diables bleus*, 1870 : « Je les entends gémir ».

[aa] Préo., 1870 : « – "Tu vieillis !" – Je le sais. – "Crains l'oubli !" – Je le veux ! / – "L'art est un or trouvé qu'on doit à ses neveux." / – Sottise et vanité ! Laisse-moi donc tranquille ! » ; *Les Diables bleus*, 1870 : daté : « Novembre 1866 ».

– Si tu savais, mon cher, comme on s'ennuie aux cieux !
– Bon ! je te vois venir, dis-je à l'esprit immonde.
– Là, fléau du regard, la vieille femme abonde.
– Jeune, je l'aimai trop ; soyez punis, mes yeux !

– Et quels saints ! Le gueux Labre[157]...
– Ho ! moi je suis bonhomme !
– Cucufin[158]...
– Dégoûté ! le pur parfum de Rome !
– Le chauffeur Dominique...
– Hé ! ton rival, Satan !

– Loyola...
– Dans son genre un César, moins le glaive.
– Va donc au ciel !
– J'y vais.
– Un mot encore.
– Achève.
– Louis Veuillot[159] s'y trouve !
– Ah ! tu m'en diras tant ![ab]

XVIII

RERUM SAPIENTIA[160]

Ami, bien que l'hiver ait neigé sur nos têtes,
N'accusons pas le sort d'être cruel pour nous :
De nos cerveaux, où l'âge apaise les tempêtes,
Le sang revient au cœur en mouvements plus doux ;

[ab] *Les Diables bleus*, 1870 : daté : « Novembre 1866 ».

Le plaisir sans remords nous convie à ses fêtes,
Et la sainte amitié, pure d'excès jaloux,
Réserve à nos transports ses pudeurs pour conquêtes.
Mais, sages d'aujourd'hui, soyons cléments aux fous ;

Gardons-nous d'imiter ces repentis moroses
Dont le regard gourmande et dont la voix défend,
Papillons énervés qui s'en prennent aux roses ;

N'effrayons pas l'Amour ; et que le tendre enfant,
Par Glycère[161] éconduit, nous recherche en ses peines,
Comme on cherche en été la fraîcheur des vieux chênes.[ac]

XIX

POUR ÊTRE GRAVE, IL L'EST[162]

Pour être grave, il l'est ! – Grave dès son bas âge,
On le vit gravement[ad] téter et gravement
Jouer, puis gravement s'instruire, et, grave amant,
Se couler dans les nœuds du grave mariage.

Le code allant tout juste à son tempérament
Et la simarre étant taillée à son image,
Il s'y fourra. – Dès lors ce grave personnage
Fut grave à tout jamais comme un enterrement.

Solennellement lourd en toutes circonstances,
Il marche posément, il parle par sentences,
Et s'accuse d'esprit s'il a cité Boileau.

[ac] *Les Diables bleus*, 1870 : daté : « Novembre 1868 ».
[ad] *Les Diables bleus*, 1870 : « l'a vu gravement ».

– Du moins a-t-il du cœur ? est-il juste ? est-il brave ?
Une clarté luit-elle au fond de son cerveau ?
– Bagatelle ! on vous dit qu'il est grave, très grave ![ae]

XX

MAXIMA DEBETUR REVERENTIA[163]

Au duvet printanier vierge à peine échappée,
Tout à l'heure admirant tes grâces, je pensais
Que la rose ta sœur est à propos coupée
Avant de devenir la laideur que tu sais.

Vivre est l'acte banal, mourir est le succès !
Trop long, le drame tourne en attente trompée ;
De nos pleurs les plus doux nous réservons l'excès
Pour la beauté qui tombe avant l'heure frappée.

Vieillir ! ô quel malheur ! Songe donc : – un beau jour,
S'éveiller, vertueuse à méduser l'Amour !
Être un autel sans culte, une lampe sans flamme ;

Défrayer les anas d'un malin chroniqueur ;
Avoir connu des voix qui vous nommaient : « mon cœur ! »
Et s'entendre appeler : « ma respectable dame ! »[af]

[ae] *Les Diables bleus*, 1870 : daté : « Décembre 1869 ».
[af] *Les Diables bleus*, 1870 : daté : « Mars 1870 ».

XXI

UNE GRANDE DOULEUR

Comme il vient de porter sa pauvre femme en terre,
Et qu'on est d'humeur noire un jour d'enterrement,
Il entre au cabaret ; car la tristesse altère,
Et les morts sont bien morts ! – c'est là son sentiment.

Il se prouve en buvant que la vie est sévère ;
Et, vu que tout bonheur ne dure qu'un moment,
Il regarde finir mélancoliquement
Le tabac dans sa pipe et le vin dans son verre.

Deux voisins ses amis sont là-bas chuchotant
Qu'il ne survivra pas à la défunte, en tant
Qu'elle était au travail aussi brave que quatre.

Et lui songe, les yeux d'une larme rougis,
Qu'il va rentrer ce soir, ivre-mort, au logis,
Bien chagrin – de n'y plus trouver personne à battre.[ag]

XXII

LA GORGE DU FIER

Tu reviens, dis-tu, de l'enfer !
Cercles maudits, sanglots de l'onde,
Voix de chaos, vertige amer,
Pics où n'atteindrait pas la fronde,

[ag] *Les Diables bleus*, 1870 : daté : « Novembre 1866 ».

Gouffres où se perdrait la sonde,
Transes de l'âme et de la chair,
Telle est dans sa hideur profonde,
La sinistre gorge du Fier.

J'ai vu mieux que ces épouvantes !
Un jour que des choses vivantes
Mon esprit s'était affranchi,

J'ai traversé l'horreur sublime
De mon cœur, lamentable abîme,
Et mes ; cheveux en ont blanchi.[ah]

XXIII

LE CONCILE A PARLÉ

Le Concile a parlé : – le Pape est infaillible[164] !
Si Tartufe est content, moi je suis enchanté !
Or, maintenant qu'un seul va faire autorité,
Brûlons nos livres saints, les Pères et la Bible.

Il était temps pour toi, céleste Vérité !
Tant d'écumeurs de bulle et de blutteurs[165] au crible
Battaient l'eau de ton puits, sans rendre plus visible
Ton beau corps, en ces jeux souvent ensanglanté !

Vrai ! Satan cette fois s'est pris lui-même au piège,
Et d'ici j'aperçois, debout sur le Saint-Siège,
Quelque Borgia, faible à l'endroit de la chair,

[ah] *Les Diables bleus*, 1870 : daté : « Août 1869 ».

Ou quelque Honorius[166] en qui le sens abonde,
Proclamant ce beau dogme à la face du monde :
« Dieu, l'amour absolu, n'a pas créé l'enfer ! »

XXIV

IMPAVIDUM FERIENT[167]

Arme-toi pour franchir le monde ! – c'est un bois
Où les renards, les loups et les aspics font souche ;
Sans qu'un bruit, un appel, une larme te touche,
Passe entre les pitiés, traverse les effrois ;

Des flèches de l'Amour défends ton cœur farouche,
Écarte l'Amitié qui veut porter ta croix :
Car l'Amitié trahit d'un serment dans la voix,
Et l'Amour fait mourir d'un baiser sur la bouche ;

Vis sans illusions, jouis sans volupté,
Souffre sans doléance, et meurs sans lâcheté ;
Ne crois rien, n'aime rien, n'exècre rien ; – méprise !

Et, comme à ton cousin l'orgueilleux Lucifer,
Dieu pourra quelque jour te garder la surprise
D'une planète au ciel – ou d'un sceptre en enfer.[ai]

[ai] *Les Diables bleus*, 1870 : daté : « Décembre 1869 ».

XXV

VILLANELLE RÉALISTE

C'est bien fait du repos d'un gars qui s'amourache !
La chose, un soir, me vint pour la première fois,
Au coup de l'Angélus, quand le soleil se cache,
Dans la saison plaisante où fleurissent les pois.

Tu revenais de l'herbe et ramenais ta vache,
Nous cheminions ensemble au bord du petit bois,
La rainette gloussait dans les joncs de la flache,
Et la peur d'être deux embarrassait ta voix.

Ta bête eut un caprice et rompit son attache ;
Comme en la rajustant j'effleurais ton minois,
Je te pris un baiser ; chut ! que nul ne le sache !

Tu m'allongeas un coup de gaule sur les doigts :
J'en eus le bras cassé, mais l'honneur fut sans tache !
Depuis, le cœur me bat sitôt que je te vois.[aj]

XXVI

IL EST DES FOUS D'ORGUEIL[168]

Il est des fous d'orgueil comme des fous d'amour.
– Grâce pour ces derniers ; l'espèce en est si rare !

[aj] *Les Diables bleus*, 1870 : daté : « Septembre 1865 ».

– Mais les autres ?
– Passons. Bedlam[169] est leur séjour[ak].
– Rome a vaincu Bedlam ! j'en sais sous la tiare.

L'absurde ayant toujours son complice en l'ignare,
À ce genre insensé l'idiot fait sa cour ;
Il le nomme *Très Saint* (pourquoi pas *Dieu* tout court ?)
Et vit dans la terreur du fétiche qu'il pare.

– Que m'importe ?
– Comment ! tu n'es pas révolté !
– Point.
– Mais ils font outrage à la Divinité !
– C'est son affaire.
– Oui, mais leur pouvoir m'humilie !

– Peuvent-ils faire, ami, que le vin soit moins bon,
Et le fruit défendu moins savoureux ?
– Oh ! non !
– Alors donc, aime et bois, et nargue leur folie.[al]

XXVII

UN SOIR, APRÈS L'AGAPE

Un soir, après l'agape où le cœur fraternise,
Jean l'apôtre chéri pour son grand cœur aimant,
Sur le sein de Jésus s'endormit doucement,
Et chacun d'admirer cette candeur soumise[am].

[ak] *Les Diables bleus*, 1870 : « – Bedlam est leur digne séjour ».
[al] *Les Diables bleus*, 1870 : daté : « Novembre 1869 ».
[am] *Les Diables bleus*, 1870 : « chacun contemplait cette tête soumise ».

Maint disciple, à part lui, songeait en ce moment :
« Du maître à son insu la bouche s'est méprise
Lorsqu'à Pierre il a dit : Sois la pierre d'assise
Qui soutiendra sans fin mon divin monument.

Sa foi dans celui-ci serait bien mieux placée ! »
– Or, Jésus dit, voyant leur secrète pensée :
« Qui gouverne le corps, du cœur ou du cerveau ?

Voit-on les loups cruels menés par un agneau ?
Mes agneaux sont des loups ; et seul peut bien les paître,
Qui sait frapper du glaive et renier son maître. »[an]

XXVIII

OUVRE AU PRINTEMPS

À une jeune fille malade[ao]

Ouvre au printemps ! tout pâme à ses tièdes bouffées,
Senteurs de l'aubépine et de l'amaryllis.
– Hélas ! je sais des fleurs faute d'air étouffées[ap],
Et j'ai vu de la bave au manteau blanc des lis !

– Les nids sont en amour, et, comme au temps des fées,
D'invisibles chanteurs les grands bois sont remplis.
– Hélas ! j'ai vu l'autour égorger ces Orphées,
Et je sais des oiseaux qui se trompent de lits[aq].

[an] *Les Diables bleus*, 1870 : daté : « Janvier 1870 ».

[ao] *Les Diables bleus*, 1870 : « À une jeune fille » ; *manuscrit* : « À Mademoiselle Louisa Siefert ».

[ap] *Manuscrit* : « pour des fleurs étouffées ».

[aq] *Manuscrit* : « Les airs sont en amour ; l'oiseau devient poète, / Et chaque nid balance une claire chanson. / – Vois ! le milan là-bas égorge une alouette, / Un coucou vient répondre au berceau du pinson ».

Ainsi ce beau soleil, dont la splendeur nous tente,
Mène[ar] après lui le mal comme une ombre attristante.
Que t'importe sa vue, ô captive du corps ?

Regarde en toi ! c'est là qu'est le printemps sans[as] drame ;
Pour t'enivrer de[at] fleurs, de lumière et d'accords,
Entrouvre seulement la porte de ton âme.[au]

XXIX

RULE BRITANNIA[av] [170]

Un cantique d'amour au sol qui m'a vu naître !
Tout pays est charmant, si peu qu'on y soit né ;
La France étant le mien, je serais consterné
D'apprendre qu'autre part on vit heureux peut-être.

Là, du moins, tout mortel, s'il n'est valet, est maître ;
Là fleurit grassement ce bon subordonné
Dont tous mangent, depuis le grand chef couronné
Jusqu'au plus humble agent, sans oublier le prêtre.

Impôts de l'air, du vin, du travail et du sang,
Là vous régnez ! Et là, Dieu-Tarif, on te sent
Où l'on naît, où l'on meurt, où l'on aime, où l'on prie !

[ar] *Manuscrit* : « Trame ».

[as] *Manuscrit* : « qu'est la fête sans ».

[at] *Manuscrit* : « Énivre-toi de ».

[au] *Manuscrit* : « Enfant ! le divin mai ne rit bien qu'en notre âme. » Daté : « 26 janvier 1860 » ; *Les Diables bleus*, 1870 : daté : « Avril 1866 ».

[av] *Les Diables bleus*, 1870 : « Rule Britannia ! ».

Là, du moins, s'il est fier, l'honnête homme a le droit
D'expirer de[aw] dégoût, de misère ou de froid.
– Un cantique d'amour à ma belle patrie ![ax]

XXX

FERME PROPOS

Ô cœur toujours fécond en sages départies,
Qui fais cent fois par jour vœu de renoncement,
Et qui, l'instant d'après, jettes là ton serment,
Comme un moine son froc incommode aux orties !

Tout ainsi qu'un malade à lui-même se ment
Et ravive soudain ses douleurs amorties,
Tu l'as voulu ! subis ce nouveau châtiment
D'éprouver des ardeurs déjà trop ressenties.

Sur le mal oublié le désir survécu
L'emporte ; on se défend pour être mieux vaincu,
Et tout effort ne fait que resserrer la chaîne.

Va donc ! Circé le veut : retourne au cher poison !
Tu n'y perdras jamais qu'un reste de raison,
Si peu, qu'en rien garder n'est vraiment pas la peine.[ay]

[aw] *Les Diables bleus*, 1870 : « De mourir de ».
[ax] *Les Diables bleus*, 1870 : daté : « Novembre 1869 ».
[ay] *Les Diables bleus*, 1870 : daté : « Novembre 1866 ».

XXXI

L'HOMME DU VATICAN[171]

L'homme du Vatican fit ce rêve une nuit :
Debout sur une barque à la proue étoilée,
Fièrement il fendait la mer de Galilée ;
Les passagers disaient : « Dormons, Pierre conduit. »

Mais voilà s'élever l'ouragan ; l'éclair luit,
Les flots tumultueux sont comme une mêlée ;
Le gouvernail se rompt ; le pilote à ce bruit
S'écrie : « Au secours, maître, ou ta nef est coulée ! »

Et de loin, traversant dix-huit siècles et plus,
Cette voix retentit : « Patron de mes élus,
Qu'est-ce à dire "au secours" ? n'es-tu pas infaillible ? »

Et de loin, traversant dix-huit siècles passés,
Le chant du coq sonna trois fois, clair et terrible...
– Et l'homme s'éveilla, suant des pleurs glacés.

XXXII

ODI PROFANUM VULGUS[172]

Dites-moi, je vous prie, où se porte la foule.
Le bazar où se voit la grande nouveauté,
Le théâtre où le drame en faveur se déroule ;
Vous y courez ? merci ! je vais d'autre côté.

Dans le total humain réfractaire unité,
Je cède en protestant au nombre qui me foule ;
Sous l'ardente coulée, impatient du moule,
Ainsi gronde au creuset un métal révolté.

Dites-moi, je vous prie, où nul être ne passe,
Où tout manque, et le jour, et le bruit, et l'espace.
Vous l'ignorez ? c'est bien ! j'irai donc en ce lieu.

Qu'il soit morne désert, chaos nu, nuit profonde,
J'y mettrai du soleil, des voix et tout un monde ;
Car je sais la magie, et son[az] maître fut Dieu.[ba]

XXXIII

LA BÊTE ET L'AUTRE

À Madame V… qui faisait mon portrait[bb]

Modèle ingrat, mais mal payé,
Tandis qu'inerte, et l'œil atone,
Ma *bête* que *l'autre* abandonne
Pose en Memnon[173] pétrifié,

Et qu'usant son poil délié
Sur la toile qui le chiffonne,
Ton pinceau s'agite, ennuyé
De faire une œuvre monotone,

[az] Préo., 1868 : « mon ».

[ba] *Les Diables bleus*, 1870 : daté : « Novembre 1866 ».

[bb] *Les Diables bleus*, 1870 : « La bête et l'autre. À Madame V…, qui faisait mon portrait ».

L'*autre*, en secret, d'un trait subtil
Esquisse l'ondoyant profil
De ton âme, sa sœur accorte.

Ainsi peignant, ainsi rêvant,
Nous faisons, moi, de l'art vivant,
Et toi, de la nature morte.[bc]

XXXIV

ASSEZ RICHE[bd]

Tout poète, en loyer, reçoit de la nature
Un domaine idéal que défriche l'esprit.
Je n'obtins qu'un arpent, mais ce lot me sourit ;
Qu'un plus riche à tenter l'infini s'aventure !

Dans mon jardin, borné[be] d'une étroite clôture,
Croît le pampre sacré, l'épi dru qui nourrit,
La fleur qui plaît aux yeux, le simple qui[bf] guérit ;
Un dieu mignon bénit[bg] ma petite culture.

Moins d'espace me fait nécessité du choix.
Plusieurs[bh] jets m'advenant, j'en tranche deux sur trois,
Le terrain s'agrandit de la place émondée ;

[bc] *Les Diables bleus*, 1870 : daté : « Novembre 1868 ».
[bd] Préo., 1868 : « Res angusta domi ».
[be] Préo., 1868 : « fermé ».
[bf] Préo., 1868 : « à l'œil, la plante qui ».
[bg] Préo., 1868 : « Un petit dieu bénit ».
[bh] Préo., 1868 et *Les Diables bleus*, 1870 : « Force ».

Si bien qu'à force d'art et de soins obstinés,
À la fin, j'ai du sol en excès – et, tenez !
Il me reste ce vers à semer d'une idée.[bi]

XXXV

MÉNAGE D'OISEAUX
Fable

Dans la cage natale où vivent ses parents,
J'ai voulu marier ma petite serine.
Des vertus de l'époux j'ai les plus sûrs garants ;
Puis les vieux là-dedans mettront la discipline.

Le premier jour, le mâle a pris piteuse mine,
Gêné qu'il est, je crois, par le regard des grands ;
À la longue – on se fait à tout, même aux tyrans –
Il se laisse être heureux ; sa mie est si câline !

Ô bonheur[bj] ! un matin, voilà trois œufs pondus ;
Alors, bruit d'aile, assaut de bec, cris éperdus !
Bref, ; les œufs sont éclos ; – mais voyez quel esclandre !

La douce belle-mère a mis en sang son gendre,
Et le charmant beau-père a tué les petits.
– Diable ! je les avais pourtant bien assortis ![bk]

[bi] *Les Diables bleus*, 1870 : daté : « Décembre 1866 ».
[bj] *Les Diables bleus*, 1870 : « Ô surprise ».
[bk] *Les Diables bleus*, 1870 : daté : « Décembre 1869 ».

XXXVI

JE SAIS UN RÉDUIT SÛR

Je sais un réduit sûr, oubliette damnée,
Triste comme une geôle et gai comme un boudoir,
Où les rêves éclos de l'enfer le plus noir
Prennent tous les aspects de la forme incarnée.

La paroi caressante et bien capitonnée
Est aux bruits du dedans un discret étouffoir,
Qu'ils soient soupirs d'ivresse ou cris de désespoir.
C'est l'excès à huis clos, l'orgie emprisonnée !

Or, voici bien des jours qu'est entrée en ce lieu,
Né sachant rien de rien, une enfant pure et nue ;
Qu'a-t-on fait là-dessous de la pauvre ingénue ?

Honte ! elle en sortira folle, doutant de Dieu,
Polluée à plaisir et de tout point infâme !
– C'est bien la peine, ô corps ! de rendre une telle âme ![bl]

XXXVII

AVEZ-VOUS UN AMI[bm]

Avez-vous un ami ? Grâce à Dieu, j'ai le mien :
Un homme du grand monde ! – Il me gagna d'emblée

[bl] *Les Diables bleus*, 1870 : daté : « Novembre 1866 ».
[bm] *Les Diables bleus*, 1870 : « Avez-vous un ami ? ».

Par son pratique esprit, sa tête bien meublée,
Sa verve, et le haut goût de son vif entretien.

Moi, gueux, je l'aimerais de moins haute volée ;
Mais, d'un air adorable, il dit qu'il n'y peut rien ;
Même il daigne en public me traiter comme un chien,
Familière façon dont mon âme est comblée.

Il raille avec tant d'art mon vin en le buvant,
En le mangeant mon pain, ma prose en s'en servant !
Je rougis de si peu qu'il condescend à prendre.

Enfin, ma bourse est sienne ; et l'honnête garçon
M'emprunte mon argent de si noble façon
Qu'en le prêtant c'est moi qui parais le lui rendre.[bn]

XXXVIII

JE HAIS CES PREUX

Je hais ces preux portés à faire entrer leur foi
Dans le ventre des gens, comme une arme aiguisée,
Et j'entends qu'on me laisse agir à ma visée,
Dieu seul nous jugeant tous, chacun plaidant pour soi.

Ce n'est pas que je fasse un objet de risée
Des vieux dogmes ; oh ! non ! mais j'estime à part moi
Qu'à force d'entasser la lettre sur la Loi[bo],
L'esprit monumental fléchit sous la pesée.

[bn] *Les Diables bleus*, 1870 : daté : « Décembre 1866 ».
[bo] *Les Diables bleus*, 1870 : « Qu'à force d'ajouter aux tables de la loi ».

Je fais cas d'un dévot de bonne volonté
Qui, sévère à lui seul, donne au prochain licence
De se déterminer en libre connaissance,

Et j'aime un novateur épris de charité
Qui ne va pas au prône, et toutefois s'explique
Qu'on puisse être honnête homme et fervent catholique.[bp]

XXXIX

AU DEHORS, C'EST L'HIVER

Au dehors, c'est l'hiver ; au-dedans, c'est la grève.
Le métier, cage vide aux étais vermoulus,
Où la navette, oiseau joyeux, ne siffle plus,
Semble un vague échafaud n'attendant que le glaive.

Dans un coin, mère, enfants, affamés même en rêve,
Songent de pains volés et de vins défendus ;
Le père, ouvrant sur eux des regards éperdus,
Blasphème, et son poing droit vers Dieu muet se lève.

Survient un mécréant : – « Tout va mal, à la fin !
C'est l'heure d'opposer au fléau de la faim
Cette ligue des cœurs qu'enseigne l'Évangile ! »

Un honnête homme passe : – « Ô Satan ! tout va bien !
L'Âme est à qui la veut ; on a le corps pour rien ;
C'est l'heure de pousser à la guerre civile ! »[bq]

[bp] *Les Diables bleus*, 1870 : daté : « Décembre 1866 ».
[bq] *Les Diables bleus*, 1870 : daté : « Décembre 1866 ».

XL

À ALFRED DELVAU[174]
SUR SON LIVRE : *LES SONNEURS DE SONNETS*[175]

Frère, c'est bien parler : foin des sonneurs de cor !
Où maint aigle a brisé son front, faute d'espace,
L'avette[176] de Ronsard passe libre et repasse,
Car l'horizon des fleurs suffit à son essor.

Alvéole et sonnet tiennent la même place,
Et la Muse gauloise est sœur des mouches d'or :
Leur murmure est musique, elle en retint l'accord ;
Leur forme est élégance, elle en garde la grâce.

Sonnons comme l'abeille, et comme elle volons
Ni trop haut ni trop bas, des coteaux aux vallons,
Cueillant les sucs divins et les senteurs suaves ;

Tandis qu'au sol cloué par l'élytre exécré,
Le béat escarbot[177], stercoraire[178] sacré,
S'ébat dans les odeurs fétides et les baves[179].[br]

[br] *Les Diables bleus*, 1870 : daté : « Avril 1867 ».

XLI

APRÈS SADOVA[bs] [180]

Hélas ! nous sommes nés en des jours violents !
Le Passé tombe après s'être ouvert les deux veines,[bt]
Et le Présent nourrit de lâchetés malsaines
L'Avenir au maillot dont il corrompt les flancs !

Meurent les seins féconds et les mamelles pleines !
Nos fils boiront la honte et les affronts sanglants ;
On les verra traîner sous des cieux insolents
Leurs fronts lourds de mépris et leurs bras lourds de chaînes.

Pour nous, tout près de voir le grand sol des aïeux
S'effondrer sous nos pieds, sauvons du moins nos Dieux
Les gais sonneurs d'amour, les charmeurs de souffrance.

Héros bruyants, poussière emportée au hasard.
Vous serez oubliés, cependant que Ronsard
Vivra pour dire où fut le beau pays de France.[bu]

---

bs *Les Diables bleus*, 1870 : « Sur un volume de Ronsard ».

bt *Les Diables bleus*, 1870 : « Le passé meurt, – géant qui s'est ouvert les veines, – ».

bu *Les Diables bleus*, 1870 : en bas, au milieu : « Le lendemain de Sadova ».

XLII

ÉPILOGUE

À M. Guillemot[181], rédacteur du *Charivari*

Ami, laissons les petits vers.
Il s'agit bien, vraiment, de gloses
Sur le vin, l'amour et les roses !
Dieu nous fait ses yeux de travers.

Vois se plisser les fronts moroses ;
L'orage gronde aux cieux couverts,
Et mille avant-coureurs divers
Sonnent l'heure des grandes choses.

Fermons les pages du loisir.
Quand la main s'apprête à saisir
Le glaive abhorré de la plume,

Que faire d'un livre coquet ?
Rien – que des bourres de mousquet !
Je t'offre à ces fins mon volume.

10 avril 1867

NOTES

1 Joseph Delaroa (1821-1890), écrivain et historien originaire du Forez.

2 Probablement la seconde édition des *Sonnets humouristiques* de Soulary (Lyon, Louis Perrin, 1859).

3 Dans un article publié dans *Le Constitutionnel*, le 20 octobre 1862 (« Variétés. Littérature », p. [2-3]), Sainte-Beuve consacre aux *Sonnets humouristiques* et aux *Figulines* de Soulary quelques lignes élogieuses. Le critique aurait même confié à Paul Mariéton que « Soulary, c'est un Gautier *plus rare*, mais qui a des idées » (cité par Paul Mariéton dans *Joséphin Soulary et la pléiade lyonnaise*, *op. cit.*, p. 53). Voir ci-dessus, p. 7.

4 Allusion aux treize sonnets recueillis dans *Vie, poésies et pensées de Joseph Delorme* de Sainte-Beuve (Paris, Delangle, 1829).

5 Voir un vers d'« À M. Villemain », dans *Les Pensées d'août* (1837 ; *Poésies complètes*, Charpentier, 1840, p. 235) : « J'irais à Rome à pied pour un sonnet de lui, / Un sonnet comme ceux qu'en son fervent ennui / Pétrarque consacrait sur l'autel à sa sainte ».

6 Lettre rééditée dans Sainte-Beuve, *Correspondance générale*, recueillie, classée et annotée par Jean Bonnerot, t. XI, Toulouse-Paris, Privat-Didier, 1961, p. 406-407. Soulary a répondu à Sainte-Beuve le 9 janvier (Ms. Lovenjoul D. 610, fol. 348, Bibliothèque de l'Institut).

7 Selon une légende rapportée par Étienne Pasquier (*Recherches sur la France*, chap. XVIII), le poète et diplomate Alain Chartier (vers 1385-1430) reçut un baiser par la reine Marguerite d'Écosse qui, l'ayant surpris endormi sur une chaise, voulut ainsi lui témoigner son admiration.

8 « À une bouche plaisante et à une source pure / la beauté qui s'offre donne lieu à un honneur qui dure ».

9 « De Alain m'arrive le bonheur surprenant / survivrais-je, je ne sais, à l'honneur / ainsi, c'est certain, je mourrai par ce baiser ».

10 Dans la mythologie grecque, brigand qui obligeait les voyageurs à s'étendre sur un lit trop court, et coupait les membres qui dépassaient. L'expression *lit de Procuste* désigne une règle étroite et tyrannique.

11 Graminée.

12 Genre poétique de la Grèce antique, basé sur un dialogue entre deux amoureux. *L'Oarystis* est aussi le titre d'un poème (1788) d'André Chénier, imité de l'idylle XXVII de Théocrite.

13 Théocrite (vers 315-250 av. J.-C.) serait né à Syracuse, en Sicile, ou dans l'île de Cos.

14 Malodorant.

15 Ici.

16 Nom scientifique de la primevère officinale ou fleur de coucou.

17 Ultime ressort.

18 Ici.

19 Dans la mythologie grecque, le centaure Nessus (ou Nessos), qui avait essayé d'enlever Déjanire, fut blessé à mort par son mari Héraclès d'une flèche empoisonnée. Il confia alors à Déjanire sa tunique ensanglantée et couverte de poison, affirmant qu'elle lui garantirait l'amour d'Héraclès. Le héros mourra plus tard dans d'atroces souffrances en endossant cette tunique. Voir ci-dessus (p. 136), *Superbia*.

20 Souvenir en italien.

21 L'« exécrable faim », selon l'expression de Virgile : « auri sacra fames » (« exécrable faim de l'or » ; *Énéide*, III, 57).

22 Myosotis.

23 Section d'un cours d'eau délimitée par deux écluses.

24 Simplicité d'esprit, candeur.

25 Influence en italien.

26 Tige de paille ou de bois.

27 Petit tas de céréales fauchées et destinées à être mis en gerbes.

28 « De l'intérieur et sous la peau ». Ce titre vient d'un vers de la Satire III (vers 30) de Perse (34-62) : « Ego te intus et in cute novi » (« Moi, je te connais par cœur »), repris aussi par Rousseau comme épigraphe du Livre premier des *Confessions*.

29 Gracieux.

30 Soulary aimait se réfugier dans la campagne du Bugey pour pratiquer la chasse. De cette passion il a tiré l'inspiration pour plusieurs poèmes, comme *Dans la Bresse au sol gris* (dans *La Chasse aux mouches d'or*, Lyon, Scheuring, 1876, p. 89-90) ou *En chasse* (ci-dessus, p. 77-78).

31 La vigne.

32 La jeune fille.

33 Branche de vigne portant ses feuilles et ses grappes.

34 Plante de la famille des renonculacées aux fleurs élégamment colorées.

35 Poème ou chant nuptial. Ce sonnet fut raillé par Louis Veuillot dans *Les Odeurs de Paris* (voir *Fureur poétique* ; Paris, Victor Palmé, 1867, p. 463). Voir ci-dessous, p. 258, note 151.

36 Sur Hymen, voir ci-dessus (p. 116), *Io Hymen.*

37 Coffre de bois servant à pétrir la pâte et à conserver le pain.

38 Vers de Louise Labé. [Note de Joséphin Soulary. Il s'agit du sonnet XXIV des *Œuvres* de Louise Labé, publiées à Lyon en 1555.]

39 Blâmez.

40 Vers de Louise Labé. [Note de Joséphin Soulary.]

41 Dans un conte fantastique de Charles Nodier, *Trilby ou le lutin d'Argail. Conte écossais* (1822), inspiré par Walter Scott, Trilby est un lutin qui hante le foyer d'un pauvre pêcheur et de sa femme, dont il est épris.

42 Héroïne du livre homonyme de la Bible, Ruth, devenue veuve, s'installe avec sa belle-sœur près de Bethléem, à la saison des moissons. Alors qu'elle ramasse des épis, elle rencontre un riche propriétaire terrien, Boaz, qui deviendra son nouvel époux. Dans la tradition juive, le livre de Ruth est lu pendant la fête de Chavouot, célébrant la fin de la récolte de l'orge et le début de la récolte du froment.

43 Artémis, déesse de la fertilité, était parfois représentée comme une femme aux multiples seins, à l'instar de l'Artémis d'Éphèse (copie de la statue du temple d'Éphèse), ayant fait partie de la collection Farnèse et aujourd'hui conservée au Musée archéologique de Naples.

44 Sur Hymen, voir ci-dessus (p. 116), *Io Hymen.*

45 Voir ci-dessus, p. 252, note 30.

46 Dans un volume publié en 1900, *Fido II. Le compagnon de chasse de Joséphin Soulary* (*op. cit.*), Adèle Souchier a rappelé le lien profond unissant le poète et son braque, Fido.

47 Caton l'Ancien ou le Censeur (234-149 av. J.-C.), défenseur des traditions et des vertus romaines.

48 Courtisane grecque du IVe siècle av. J.-C., originaire de Thespies, dans la Béotie. Leconte de Lisle lui a consacré un poème, intitulé *Glycère*, recueilli dans les *Études latines* des *Poèmes antiques* (1852).

49 Petit récipient utilisé pour recevoir de l'argent.

50 Allusion à la tentation du Christ dans le désert, pendant quarante jours. Voir Mc 1, 12-13, Mt 4, 1-11 et Lc 4, 1-13.

51 Le genre poétique de l'« adieu » avait connu une certaine diffusion, tout au long de la première moitié du XIXe siècle. En juin 1819, le chansonnier Pierre-Jean de Béranger a lui aussi publié des *Adieux à la campagne.*

52 Contremaître dans un atelier d'imprimerie. Le 23 février 1860, Baudelaire écrit à Soulary qu'il juge ce sonnet une « merveille » (*Correspondance*, éd. citée, t. I, p. 679).

53 Homuncule, être humain de très petite taille, *desideratum* des alchimistes.

54 Christophe Wagner, la famulus du docteur Faust dans le chef-d'œuvre de Goethe.

55 Sur la représentation et la fortune littéraire du chiffonnier, figure familière de la vie urbaine du Second Empire, voir Antoine Compagnon, *Les Chiffonniers de Paris*, Paris, Gallimard, coll. Bibliothèque des histoires, 2017.

56 Il s'agit, bien entendu, d'une licence : les Lares étaient les dieux tutélaires du foyer dans le monde romain.

57 Sur Hymen, voir ci-dessous (p. 116), *Io Hymen*.

58 « Comme les dieux », des mots du serpent tentateur dans la Genèse (3, 5) : « eritis sicut dii » (« vous serez comme les dieux »).

59 Duo de violonistes piémontaises à la renommée européenne, composé par Teresa (1827-1904) et Maria Margherita Milanollo (1832-1848).

60 Don, aumône.

61 Courtisane chargée de distraire les commensaux en jouant d'un aulos.

62 Vase à boire en forme de corne.

63 Dans la mythologie grecque, descendant d'Atrée, fils de Pélops et petit-fils de Tantale. Pélops, tué par son père et servi aux dieux lors d'un banquet, fut ramené à la vie par Zeus, qui lui donna une épaule en ivoire.

64 Jeune éphèbe, personnage du *Satyricon* de Pétrone.

65 Pseudonyme de Claude-Antoine-Jules Cairon (1827-1882), journaliste et librettiste, directeur du théâtre des Variétés de 1856 à 1869 et des Bouffes-Parisiens de 1868 à 1879. Lecteur de Soulary, il loua la « forme admirable » de ses poèmes (préface aux *Chants et chansons* de Théodore Alfonsi, Paris, Dubuisson et Cie, 1862, p. 21).

66 Ludwig Wihl (1807-1882), poète et philologue allemand. Au début des *Figulines* (Lyon, Scheuring, 1862, p. 2-5), Soulary reproduit deux sonnets en allemand, suivis de leur traduction, qui lui ont été adressés par Wihl.

67 Selon la version du mythe d'Ovide (*Métamorphoses*, livre XI), Apollon dota Midas d'oreilles d'âne, après que le roi lui eut préféré le satyre Marsyas, lors d'un concours de musique.

68 Jules Noriac, *La Bêtise humaine*, Paris, Bourdilliat, 1860.

69 Vigneron et poète provençal, né en 1820 à Châteauneuf-Calcernier (aujourd'hui Châteauneuf-du-Pape) et mort en 1895.

70 *La Farandoulo* [*La Farandole*], avec un avant-propos de Frédéric Mistral, Avignon, Bonnet fils, 1862.

71 Grande coupe en usage au Moyen Âge.

72 En juin 1858, Jules Janin avait répondu à l'envoi de la première édition des *Sonnets humouristiques* en adressant à Soulary un long poème en quatrains, que l'écrivain lyonnais fit imprimer un an plus tard en ouverture de la seconde édition de son recueil (p. VII-XV). Ces deux volumes figuraient, avec *Les Figulines*, dans la bibliothèque de Jules Janin (*Catalogue des livres rares et précieux composant la bibliothèque de M. Jules Janin*, Paris, Adolphe Labitte, 1877, p. 80-81).

73 *Les Œuvres d'Horace. Odes, Satires, Épîtres, Art poétique*, traduction nouvelle par M. Jules Janin, Paris, Hachette, 1860.

74 En latin.

75 Allusion à une ode (IV, XI) d'Horace, où le poète vante « nonum superantis annum / Plenus Albani cadus » (« certaine amphore... un vin d'Albe, un bon vin de neuf feuilles ! » ; trad. de Jules Janin, cit., p. 114).

76 Luís Vaz de Camões (1525-1580), poète portugais et auteur des *Lusiades* (publié en 1572). En 1561, rappelé de son exil à Macao, sa caravelle ayant fait naufrage sur les côtes de la Cochinchine, Camões se sauva en nageant et en tenant hors de l'eau le manuscrit des *Lusiades*.

77 Oiseau de mer fabuleux, considéré de bon augure.

78 D'après un mythe relaté en particulier par Musée le Grammairien, Léandre traversait chaque nuit l'Hellespont pour rejoindre Héro à Sestos, qui l'aidait à s'orienter au moyen d'une lampe. Mais une nuit d'orage, Héro ayant dû éteindre sa lampe, Léandre se perd dans les flots et meurt. Le lendemain, Héro, brisée par la perte de son bien-aimé, se jette du haut d'une tour.

79 Johann Kaspar Lavater (1741-1801), théologien zurichois et père de la physiognomonie.

80 Soulary envoya ce sonnet à Baudelaire le 24 février 1860 avec ces mots : « L'apparition des *Fleurs du Mal* m'avait inspiré une petite poésie que je n'ai pas jugée assez *finie* pour être mise dans mon recueil. Je vous l'envoie néanmoins pour ce qu'elle vaut, ou plutôt pour ce qu'elle avait, sur le moment, l'intention d'exprimer » (*Lettres à Baudelaire*, publiées par Claude Pichois avec la collaboration de Vincenette Pichois, Neuchâtel, À la Baconnière, 1973, p. 359). Baudelaire remercia Soulary de ses « excellents vers » le 28 février. À propos des rapports entre Baudelaire et Soulary, voir ci-dessus, p. 19-20.

81 Prières.

82 Voir ci-dessus, p. 253, note 47.

83 Employé de la Chambre de commerce, poète et critique littéraire, Jean Tisseur (1814-1883) se réunissait régulièrement avec Soulary, Paul Chenavard et Victor de Laprade au café Casati de Lyon.

84 Néris-les-Bains, ville de l'ancienne province du Nivernais.

85 La grotte naturelle de l'Oréade, dans le massif du Vercors.

86 Rhéa, Titanide grecque, assimilée par les Romain à Cybèle, personnification de la nature et de la terre.

87 À propos de « Satan-Industrie », voir un autre poème de Soulary, *Les Opinions de M. Prud'homme*, dans *Les Diables bleus* (Paris, Alphonse Lemerre, 1870, p. 166).

88 Voir, ci-dessus (p. 94-95), *La Sportule.*

89 Ce sonnet, ainsi que le suivant, dénonce l'oppression tzariste sur la Pologne dans les années 1840-1850.

90 « Et il [Dieu] vit que cela était bon » (Genèse I, 18).

91 Voir ci-dessus, p. 86.

92 Invocation au dieu Hymen, prononcée par les Athéniens lors des cérémonies nuptiales.

93 Opposant les troupes britanniques, françaises, turques et piémontaises aux forces russes, la bataille de l'Alma (20 septembre 1854), près de Sébastopol, fut un affrontement majeur de la guerre de Crimée.

94 Fourmi-lion ou fourmilion, insecte névroptère dont la larve se nourrit de fourmis.

95 Voir ci-dessus, p. 252, note 24.

96 Dieu des armées, en hébreu.

97 « Pour nos autels et nos foyers ».

98 Voir ci-dessus, p. 255, note 75.

99 L'une des neuf muses, patronne de la poésie lyrique.

100 Relative à la ville de Tivoli, dans les environs de laquelle se trouvait la maison de campagne d'Horace. L'« amphore Tiburtine » semble désigner sa poésie.

101 Permis de libre circulation délivré par le bureau des douanes et, ici, métaphore du pouvoir qui soumet et humilie la poésie.

102 Recueil de dix-sept poèmes, paru vers 30 av. J.-C., et dédié à Mécène.

103 Nestor, légendaire roi de Messénie, fut le plus âgé des héros grecs lors de la guerre de Troie.

104 Épithète de Junon, reine du panthéon romain, lorsqu'elle préside aux accouchements.

105 Portez la peine.

106 Poète élégiaque grec (712-664 av. J.-C.), professant un art de vivre cynique et désenchanté.

107 Voir ci-dessus, p. 252, note 19.

108 Jalousie.

109 Gourmandise.

110 Colère.

111 Paresse.

112 Suite de poèmes à rapprocher des nombreuses célébrations lyriques des conquêtes de la modernité, sous le Second Empire, et en tout premier lieu des *Chants modernes* (Paris, Michel Lévy, 1855) de Maxime Du Camp.

113 Allusion aux protagonistes du poème *Lénore* (1774) de Gottfried August Bürger, traduit par Nerval en 1829 (en prose) et en 1830 (en vers).

114 Terre labourée et non encore ensemencée, ou laissée en jachère.

115 Traître.

116 La Chaldée, région de la basse Mésopotamie, était considérée comme le berceau de l'astrologie et des sciences occultes.

117 « Trois fois grand », attribut d'Hermès, inventeur des sciences et des arts.

118 Titanide de la lumière, chez Hésiode.

119 Tubal-Caïn, personnage apparaissant dans la Genèse, fondateur de l'art de travailler le fer et l'airain.

120 Il s'agit du poème de Soulary le plus connu et admiré de son vivant. Sainte-Beuve le cite dans son article publié le 20 octobre 1862 dans *Le Constitutionnel* (voir ci-dessus, p. 250, note 3) comme exemple d'un de ces sonnets qui renferment « dans un bref espace, sans un mot de plus ni de moins (sauf une rime peut-être) » des « petits drames ».

121 Le 19 mars.

122 Nymphe des eaux douces.

123 Voir ci-dessus, p. 10.

124 Dans la mythologie égyptienne, l'œuf cosmique ou l'œuf du monde, déposé par un ibis et offert par le dieu Thot.

125 Hathor, dite l'œil de Rê.

126 « Le noir souci », expression tirée d'un vers d'une ode d'Horace (III, XL) : « post equitem sedet atra cura » (« le noir chagrin monte en croupe derrière le cavalier »).

127 Dans la chimie ancienne, résidu de distillation dont on ne peut plus rien extraire.

128 Estomac.

129 Admirateur et imitateur de Lamartine, Soulary lui avait dédié en 1838 un recueil de poèmes, *Les Cinq Cordes de luth. Fantaisies poétiques* (Lyon, Boitel). En 1857, il fut accusé d'avoir plagié l'un des poèmes recueillis dans les *Harmonies poétiques et religieuses* (voir ci-dessus, p. 11).

130 Satyres.

131 « Quoi de nouveau sous le soleil ? », version modifiée d'une formule de l'Ecclésiaste (I, 9) : « nihil nove sub sole » (« rien de nouveau sous le soleil »).

132 La bonne entente de Soulary avec son épouse, Jenny Maillé, fut troublée par les intrusions de sa belle-mère, femme autoritaire et peu encline à la poésie. En guise de vengeance, Soulary écrivit et fit jouer en 1879 une comédie en deux actes, *La Lune rousse*, raillant cette présence inopportune (voir ci-dessus, p. 10).

133 Allusion à une ode du poète grec Anacréon (vers 570-485 av. J.-C.), *La Colombe* (Εἰς περιστεράν) traduite en 1861 par Leconte de Lisle (*Idylles de Théocrite et Odes anacréontiques*, Paris, Poulet-Malassis et de Broise).

134 Poteries émaillées et décorées, créées par Bernard Palissy (vers 1510-1589).

135 Référence au mythe de Pygmalion et de Galatée, raconté par Ovide dans les *Métamorphoses*.

136 L'île de Paros, la ville toscane de Carrare et Pendeli, au nord-est d'Athènes, étaient réputées pour la qualité de leur marbre.

137 Pure, chaste.

138 Douce, caressante.

139 Voir ci-dessus, p. 258, note 135.

140 Fruit de l'avelinier, semblable à une grosse noisette.

141 Dont le son est agréable et harmonieux. Poème mis en musique en 1910 par Jean-Baptiste Sorbi.

142 Indolent.

143 Effronté.

144 Sacrifice volontaire des veuves indiennes sur le bûcher funéraire de leur mari (Littré).

145 Voir *De oui et de nenni* de Clément Marot (1496-1544), dont voici les deux premiers vers : « Un doux nenni, avec un doux sourire, / Est tant honnête, il le vous faut apprendre ».

146 Voir ci-dessus, p. 252, note 24.

147 Pâris.

148 Othello.

149 Greffe.

150 Dans la société romaine antique, officier public chargé de la rédaction des contrats et des actes.

151 Louis Veuillot avait adressé à Soulary, « enfant d'Apollon » qui « jette sur le papier des mots mal conformés », un sonnet, *Fureur poétique*, recueilli dans *Les Odeurs de Paris* (cit., p. 463). Le même Veuillot publia la riposte de Soulary, *À Alfred Delvau. Sur son livre : Les Sonneurs de*

sonnets (ci-dessus, p. 248), dans *Les Couleuvres* (Paris, Victor Palmé, 1869, p. 85-89), où il était assimilé à un « béat escarbot, stercoraire sacré ». Il y avait ajouté sa propre réponse au poète lyonnais, *Un tisseur de sonnets*, qui commence par ce quatrain : « Un faiseur de sonnets qui travaille en province, / Mais au goût de Paris, et qui s'y prend, ma foi, / Aussi bien que Banville et beaucoup mieux que moi, / M'a fait lire à peu près son recueil, d'ailleurs mince. » À propos de cette *tenson* moderne, voir Jean de Palacio, « Poétique du crachat », *Romantisme*, n° 94, octobre-décembre 1996, p. 73-88. Voir aussi ci-dessous, p. 260, note 175.

152 « L'esprit meut la masse » (Virgile, *Énéide*, VI, 727).

153 Delphine Adelaïde Souchier, poétesse drômoise, née en 1832, et amie intime de Soulary.

154 Nicolas Boileau (1636-1711), théoricien du classicisme et auteur de l'*Art poétique* (1674).

155 Surveillant.

156 Séducteur, libertin. Allusion au personnage du roman épistolaire de Samuel Richardson, *Clarisse Harlowe* (1748).

157 Saint Benoît-Joseph Labre (1748-1783), mystique et pèlerin mendiant.

158 Calembour affublé par Voltaire à saint Séraphine (*La Canonisation de saint Cucufin [...]*, opuscule paru en février 1769), tournant au ridicule les canonisations et le culte des saints.

159 Voir ci-dessus, p. 258-259, note 151.

160 La sagesse des choses.

161 Voir ci-dessus, p. 253, note 48.

162 « La vraie règle et la seule acceptable, c'est qu'on doit éviter la répétition des *mots de construction de phrases*, mais qu'on peut bien et qu'on doit même souvent répéter des mots servant à donner l'intensité picturale à l'idée développée. / J'ai fait la critique de cette prétendue défense dans le sonnet : *Pour être grave, il l'est*, où le mot grave est répété à chaque vers. » (Soulary à Eugène Froment, 31 janvier 1884 ; « Lettres de Joséphin Soulary à Eugène Froment », *Revue d'histoire de Lyon*, juillet-août 1906, p. 271-294, ici p. 290.)

163 Locution provenant d'une sentence de Juvénal (*Satures*, XIV, 47) : « maxima debetur puero reverentia » (« le plus grand respect est dû à l'enfant »).

164 Référence au dogme de l'infaillibilité pontificale, promu à l'occasion du premier concile œcuménique du Vatican, en 1870. Avec ce sonnet, ainsi qu'avec *Il est des fous d'orgueil* (ci-dessus, p. 236-237) et *L'Homme du Vatican* (ci-dessus, p. 241), Soulary fait siennes les réticences gallicanes face au nouveau-né dogme conciliaire.

165 Ceux qui blutent, et en particulier ceux qui séparent la farine du son.

166 Le pape Honorius Ier (vers 585-638) subit un anathème posthume pendant le troisième concile de Constantinople (680-691), à cause de sa doctrine monothéliste. Dans la seconde moitié du XIXe siècle, cet épisode était couramment cité comme argument pour réfuter le dogme de l'infaillibilité pontificale.

167 Citation d'Horace : « si fractus illabatur orbis / impavidum ferient ruinæ » (« la voûte du ciel s'écroulerait / que les ruines le frapperaient sans qu'il tremble » ; *Odes*, III, 3).

168 Voir ci-dessus *Le Concile a parlé* (p. 234-235) et *L'Homme du Vatican* (p. 241).

169 Nom populaire attribué à un asile pour aliénés à Londres, le Bethlem Royal Hospital.

170 Allusion à un chant patriotique britannique composé en 1740 par Thomas Arne, et dont les paroles sont tirées d'un poème de James Thomson.

171 Voir ci-dessus *Le Concile a parlé* (p. 234-235) et *Il est des fous d'orgueil* (p. 236-237).

172 « Je hais le vulgaire profane » (Horace, *Odes*, III, 1).

173 Demi-dieu, neveu de Priam, Memnon fut tué par Achille lors de la guerre de Troie. Il a donné son nom à deux sculptures monumentales, les colosses de Memnon, situés près de Thèbes.

174 Voir ci-dessus, p. 258, note 151.

175 Ce sonnet de Soulary, daté du 2 avril 1867, fut publié par Alfred Delvau comme épilogue des *Sonneurs de sonnets* (Paris, Bachelin-Deflorenne, 1867, p. 186-187). Dans ce livre, Alfred Delvau fait l'éloge de Soulary, ce « grand artiste » et « écrivain » qui « joue de la langue française comme Paganini jouait du violon ».

176 Abeille. Voir *Le Voyage de Tours* (1555) de Ronsard : « C'estoit en la saison que l'amoureuse Flore / Faisoit pour son amy les fleurettes esclore / Par les prez bigarrez d'autant d'esmail de fleurs, / Que le grand Arc du Ciel s'esmaille de couleurs : / Lors que les papillons et les blondes avettes, / Les uns chargez au bec, les autres aux cuissettes, / Errent par les jardins » (*Poésies*, sélection établie par Louis Terreaux, introduction par Marcel Brion, Paris, Hachette, 1960, p. 65).

177 Insecte du genre des coléoptères.

178 Insecte coprophage, bousier.

179 Allusion à Louis Veuillot (voir ci-dessus, p. 258, note 151), qui s'en aperçut : « Les meilleurs poètes ont toujours comparé à d'horribles bêtes quiconque les sifflote un peu. Si je me trompe, et si je ne suis pas

le *béat escarbot* qui *s'ébat dans les odeurs fétides et les baves*, j'aurai toujours fait voir avec quelle habileté M. Joséphin Soulary tisse les vers » (*Les Couleuvres*, éd. citée, p. 87).

180 La bataille de Sadowa, le 3 juillet 1866, épisode de la guerre austro-prussienne.

181 Gabriel Guillemot (1833-1885), dramaturge et collaborateur de plusieurs journaux (*Figaro*, *Le Nain jaune*, *Le Charivari*, etc.).

BIBLIOGRAPHIE

DOCUMENTS D'ARCHIVES

Deux cent onze lettres de Joséphin Soulary à Adèle Souchier (1871-1891) ; Bibliothèque municipale de Lyon, Ms 5162.

Lettres de Joséphin Soulary à Paul Mariéton (1882-1892) ; 289 f. ; Bibliothèque municipale d'Avignon, Ms 4674.

Dossier de Paul Mariéton sur Joséphin Soulary (avec lettres et œuvres manuscrites de Soulary) ; 371 f. ; Bibliothèque municipale d'Avignon, Ms 4689.

Lettres et vers de Soulary à Sainte-Beuve, Gautier et Baudelaire ; Bibliothèque de l'Institut (fonds Lovenjoul), Ms Lov. D 610 / Fol. 347-349, Ms Lov. D 617 / Fol. 158-161, Ms Lov. C 499 / Fol. 490-492, Ms Lov. G 1196 / F. 201-207, Ms Lov. D 655 bis / Fol. 41-44.

Deux lettres de Soulary à Mallarmé (1864-1865) ; Bibliothèque littéraire Jacques Doucet, MVL 3048-3049.

ÉDITIONS DES SONNETS HUMOURISTIQUES ET DES POÈMES QUI Y SONT RECUEILLIS

SOULARY, Joséphin, « Sonnets », *Revue du Lyonnais*, série 1, t. XXV, mai 1847, p. 403-404 [comprend : *Au coin du feu*, *La Séparation*, *Les Foins*].

SOULARY, Joséphin, « Les sept péchés mortels », *Revue du Lyonnais*, série 1, t. XXV, juin 1847, p. 481-486 [comprend les sonnets recueillis sous le titre *L'Hydre aux sept têtes*, excepté *Épilogue*].

SOULARY, Joséphin, *Éphémères. Poésies*, Lyon, Rey, [août] 1847.

SOULARY, Joséphin, « Un lit pour deux. Sonnets », *Revue du Lyonnais*, série 2, t. XIII, décembre 1856, p. 441.

SOULARY, Joséphin, « Rêves ambitieux », *Revue du Lyonnais*, série 2, t. XV, novembre 1857, p. 368.

SOULARY, Joséphin, *Les Éphémères. Sonnets*, 2e série, Lyon, Chanoine, 1857 [enregistré dans la *Bibliographie de la France* en novembre 1856].

SOULARY, Joséphin, *Les Éphémères. Sonnets*, 3e série, Lyon, Aimé Vingtrinier, [novembre] 1857.

SOULARY, Joséphin, *Sonnets humouristiques*, édition revue et complètement refondue par l'auteur, Lyon, Louis Perrin, [août] 1858 ; nouvelle édition considérablement augmentée, précédée d'une préface en vers par Jules Janin, Lyon, Louis Perrin [en couverture : Nicolas Scheuring], 1859 ; *Sonnets. Poèmes et poésies*, nouvelle édition complète, revue, corrigée et augmentée [...], Lyon, Louis Perrin, 1864.

SOULARY, Joséphin, « En train express », *Revue du Lyonnais*, janvier 1858, p. 5-8 ; publié la même année en plaquette par Aimé Vingtrinier.

SOULARY, Joséphin, « Fleurette », *Revue du Lyonnais*, série 2, t. XVII, décembre 1858, p. 465.

SOULARY, Joséphin, « Inquiétude », *Revue du Lyonnais*, série 2, t. XVII, décembre 1858, p. 466.

SOULARY, Joséphin, *Papillons noirs. Sonnets*, Roanne-Paris, Ferlay-Dentu, [décembre] 1858.

SOULARY, Joséphin, « Au poète provençal Anselme Mathieu », *Revue du Lyonnais*, série 2, t. XXIII, novembre 1861, p. 329.

SOULARY, Joséphin, « Figulines », *Revue fantaisiste*, 1er octobre 1861, p. 222-231, dans la rubrique « Poésie » [comprend *Linea*, *Gracilis*, *Formosa*, *Ardens*, *Blanda*, *Intemerata*, *Languens*, *Pauper*, *Pia*, *Tristis*, *Misera*, *Simplex*, *Horrida* et *Desperata*].

SOULARY, Joséphin, *Les Figulines, suivies du Rêve de l'escarpolette, et de quelques autres pièces*, Lyon, Nicolas Scheuring, 1862.

SOULARY, Joséphin, « On a ses pauvres », *Revue du Lyonnais*, série 3, t. V, mars 1868, p. 172.

SOULARY, Joséphin, « Les scrupules de la mort », *Revue du Lyonnais*, série 3, t. V, avril 1868, p. 258.

SOULARY, Joséphin, « Res angusta domi », *Revue du Lyonnais*, série 3, t. V, avril 1868, p. 258.

SOULARY, Joséphin, « Odi profanum vulgus », *Revue du Lyonnais*, série 3, t. V, juin 1868, p. 417.

SOULARY, Joséphin, « Judas », *Revue du Lyonnais*, série 3, t. VI, septembre 1868, p. 164.

SOULARY, Joséphin, « À quoi bon ! », *Revue du Lyonnais*, série 3, t. IX, janvier 1870, p. 6-7.

SOULARY, Joséphin, *Les Diables bleus. Nouvelles poésies*, Paris, Alphonse Lemerre, 1870.

SOULARY, Joséphin, *Œuvres poétiques de Joséphin Soulary*, préface de Charles-Augustin Sainte-Beuve, Paris, Alphonse Lemerre : I. *Sonnets (1847-1871)*, [mai] 1872 ; II. *Poëmes et poésies (1847-1871)*, [septembre] 1872 ; III. *Les Jeux divins. La Chasse aux mouches d'or. Les Rimes ironiques. Un grand homme qu'on attend (1872-1882)*, 1883. [Réimprimé jusqu'en 1886.]

AUTRES ŒUVRES DE SOULARY

SOULARY, Joséphin, *À travers champs, boutade poétique*, Lyon, Chambet, 1837.

SOULARY, Joséphin, *Les Cinq Cordes de luth. Fantaisie poétique*, Lyon, Léon Boitel, 1838.

SOULARY, Joséphin, *Le Chemin de fer. Ballade*, Lyon, Vve Ayné, 1841.

SOULARY, Joséphin, *Diverses poésies*, Lyon, Vve Ayné, [1842].

SOULARY, Joséphin, *Une mendiante au congrès scientifique*, Lyon, Vve Ayné, 1842.

SOULARY, Joséphin, *Paysage*, Lyon, Vve Ayné, [1845].

SOULARY, Joséphin, *Iambes. Fragments d'un poème inédit*, Lyon, Marle, [décembre] 1845.

SOULARY, Joséphin, *Variations sur un vieux thème. Extrait du Livre des sonnets, poèmes et poésies*, Lyon, Louis Perrin, 1864.

SOULARY, Joséphin, *Pendant l'invasion. Poèmes patriotiques*, Lyon, Louis Perrin, 1870.

SOULARY, Joséphin, *Mil huit cent soixante-dix*, Lyon, Perrin-Marinet, 1870.

SOULARY, Joséphin, *Le Cantique du roi Guillaume*, Lyon, Perrin-Marinet, 1871.

SOULARY, Joséphin, *Joli mois de mai*, Lyon, Louis Perrin, 1871.

SOULARY, Joséphin, *Paris bombardé*, Lyon, Perrin-Marinet, [1871].

SOULARY, Joséphin, *Pendant l'invasion. Poèmes : Le Cantique du roi Guillaume. Mil huit cent soixante-dix. Le Réactionnaire. Paris bombardé. Joli mois de mai*, Paris, Alphonse Lemerre, 1871.

SOULARY, Joséphin, *Le Réactionnaire*, Lyon, Perrin-Marinet, [1871].

SOULARY, Joséphin, *La Chasse aux mouches d'or*, Lyon, Nicolas Scheuring, 1876.

SOULARY, Joséphin, *Les Rimes ironiques. Poésies nouvelles*, Lyon, Perrin-Marinet, 1877.

SOULARY, Joséphin, *La Lune rousse. Comédie en deux actes*, Paris, Alphonse Lemerre, 1879.

SOULARY, Joséphin, *Un grand homme qu'on attend. Comédie en deux actes et en vers*, Paris, Alphonse Lemerre, 1879.

SOULARY, Joséphin, *Une physionomie lyonnaise*, discours de réception à l'Académie des sciences, belles-lettres et arts de Lyon, lu dans la séance publique du 11 juillet 1882, Lyon, Association typographique, 1882.

SOULARY, Joséphin, *Promenade autour d'un tiroir*, Lyon, Bernoux-Cumin, 1886.

SOULARY, Joséphin, *Sonnets*, Paris, Alphonse Lemerre, coll. Petite collection rose, 1920.

SOULARY, Joséphin, *Plein chant. Cahiers poétiques, littéraires et champêtres*, n° 21, hiver 1974 [numéro consacré aux « Petits poètes »].

LIVRES ET ARTICLES SUR SOULARY

À la mémoire de Joséphin Soulary, Lyon, Imprimerie d'Adrien Storck, [1892].

BARBEY D'AUREVILLY, Jules, « *Sonnets humouristiques*, par M. Joséphin Soulary », *Le Pays*, 20 décembre 1859 ; recueilli dans *Les Œuvres et les hommes*, troisième partie : *Les Poètes*, Paris, Amyot, 1862, p. 171-184.

BENOÎT, Félix, *L'Humour lyonnais*, Roanne, Horvath, 1981.

BILLY, Dominique, *Les Formes poétiques selon Baudelaire*, Paris, Honoré Champion, 2015, p. 336-339.

BROCHERIE, Léandre, « *Les Sonnets humouristiques*. Joséphin Soulary », *L'Europe littéraire*, 10 janvier 1863, p. 184-189.

DELVAU, Alfred, *Les Sonneurs de sonnets*, Paris, Bachelin-Deflorenne, 1867.

DUCHESNE, Alphonse, « Macédoine de livres », *Figaro*, 12 février 1860, p. 4-5.

FRAISSE, Armand, « J. Soulary, *Sonnets humouristiques* », *Le Salut public*, 29 décembre 1859.

GAUTIER, Théophile, *Histoire du romantisme*, Paris, Charpentier, 1874, p. 345-347 ; rééd., avec une préface d'Adrien Goetz, Paris, Gallimard, coll. Folio classique, 2011.

GUIGUE, Georges, *Note sur un sonnet de Joséphin Soulary*, Trévoux, J. Jeannin, 1902.

JASINSKI, Max, *Histoire du sonnet en France*, Douai, Bruyère, 1903, p. 205-206.

LAPRADE, Victor de, « *Sonnets humouristiques* de M. Joséphin Soulary », *Revue du Lyonnais*, septembre 1858, p. 185-188, dans la « Revue littéraire ».

LEMAÎTRE, Jules, « Poètes contemporains. Joséphin Soulary », *Revue politique et littéraire. Revue bleue*, 17 janvier 1885 ; recueilli dans *Les Contemporains. Études et portraits littéraires*, troisième série, Paris, Lecène et Oudin, 1887, p. 171-189.

MANIN, Joseph, *Galerie des Lyonnais célèbres*, Lyon, Legendre, 1902.

MARIÉTON, Paul, *Joséphin Soulary et la Pléiade lyonnaise*, Paris, Marpon-Flammarion, 1884.

MOND, Louis, *Joséphin Soulary. Son portrait graphologique*, Lyon, Méra, août 1873.

NUEL, Jean-Jacques, « Joséphin Soulary », *Résonance*, n° 18, 1984.

NUEL, Jean-Jacques, « Joséphin Soulary, poète lyonnais », *Casse*, n° 10, 1994.

NUEL, Jean-Jacques, *Joséphin Soulary poète lyonnais (1815-1891)*, Lyon, Éditions lyonnaises d'art et d'histoire, 1998.

RAPIN, Georges, *Chroniques croix-roussiennes*, Lyon, Croix-Rousse art et culture, 1987.

SAINT-RENÉ TAILLANDIER, « La poésie et les poètes en 1865 », *Revue des Deux Mondes*, 1er août 1865, p. 605-639.

SOUCHIER, Adèle, *Fido II. Le compagnon de chasse de Joséphin Soulary*, Grenoble, Xavier Drevet, coll. Bibliothèque littéraire du Dauphiné, [1900].

STANTLEY, Charles, « Terres glaises », *Figaro*, 9 juillet 1863, p. 5.

TELLIER, Jules, *Nos poètes*, Paris, Dupret, coll. Les Écrivains d'aujourd'hui, 1888.

VAPEREAU, Gustave, « *Sonnets humouristiques*, par M. Joséphin Soulary », *Revue de l'instruction publique*, 9 février 1860, p. 712-714, dans la « Bibliographie ».

VEYRIÈRES, Louis de, *Monographie du sonnet. Sonnettistes anciens et modernes, suivi de quatre-vingts sonnets*, Paris, Bachelin-Deflorenne, 1869.

VIAL, Eugène, *Chenavard et Soulary. Discours de réception à l'Académie de Lyon (20 mai 1919)*, Lyon, Rey, 1919.

VINGTRINIER, Aimé, *Joséphin Soulary. Nouvelle étude*, Lyon, Vingtrinier, 1891

WAILLY, Léon de, notice « Joséphin Soulary » dans *Les Poètes français [...]*, publié sous la direction de M. Eugène Crépet, Paris, Hachette, 1863, p. 487-500.

TABLE DES CONCORDANCES

Sonnets humouristiques, 1872 (éd. de réf.)	*Éphémères*, 1847	*Les Éphémères*, 2e série, 1857	*Les Éphémères*, 3e série, 1857	*Sonnets humouristiques*, 1858	*Papillons noirs*, 1858	*Sonnets humouristiques*, 1859	*Les Figulines*, 1862	*Sonnets*, 1864	*Les Diables bleus*, 1870
Lettre de Sainte-Beuve									
Dédicace à la Ville de Lyon									
Pastels et mignardises									
I. Prologue						*		*	
II. Envoi du livre à une dame								*	
III. Le Sonnet			*	*		*		*	
IV. Rêves ambitieux				*	*	*		*	
V. Le Fossoyeur		*		*		*		*	
VI. Oaristys			*	*		*		*	

VII. Sempervivus							*	*	
VIII. Male olens							*	*	
IX. Primula veris				*		*		*	
X. Ultima ratio				*		*		*	
XI. Les Deux Roses			*	*		*		*	
XII. Boutade			*	*		*		*	
XIII. La Dîme			*	*		*		*	
XIV. Nessus		*		*		*		*	
XV. Rimembranza		*		*		*		*	
XVI. Sacra fames		*		*		*		*	
XVII. Là-bas	*			*		*		*	

XVIII. Fleurette						*		*	
XIX. Des pas sur le sable		*		*		*		*	
XX. Toi, moi		*				*		*	
XXI. Mary				*		*		*	
XXII. Un morceau d'archéologie						*		*	
XXIII. L'Épouvantail			*	*		*		*	
XXIV. Un soir d'été						*		*	
XXV. Le Guetteur de nuit			*	*		*		*	
XXVI. Influenza						*		*	
XXVII. La Note éternelle				*	*	*		*	

XXVIII. Si peu que rien						*		*	
XXIX. La Méridienne				*	*	*		*	
XXX. Les Trois Fleurs						*		*	
XXXI. Intus et in cute				*	*	*		*	
XXXII. À Éva						*		*	
XXXIII. Idylle	*			*		*		*	
XXXIV. La Colombe			*	*		*		*	
XXXV. Le Vendangeur				*		*		*	
XXXVI. Pastorale		*		*		*		*	
XXXVII. L'Ancolie						*		*	

XXXVIII. Épithalame						*		*	
XXXIX. Flores		*		*		*		*	
XL. La Huche						*		*	
XLI. À Louise Labé						*		*	
XLII. Au lecteur prude						*		*	
Paysages									
XLIII. Au coin du feu	*			*		*		*	
XLIV. Dans la plaine		*		*		*		*	
XLV. Sur la montagne				*	*	*		*	
XLVI. Dans les blés		*		*		*		*	

XLVII. Dans les foins	*			*		*		*	
XLVIII. Dans la grotte		*		*		*		*	
XLIX. Dans les bois		*		*		*		*	
L. Dans les vignes		*		*		*		*	
LI. Chez l'hôtesse	*			*		*		*	
LII. Dans le hamac			*	*		*		*	
LIII. Dans les ruines	*			*		*		*	
LIV. Le Gué		*		*		*		*	
LV. En mer			*	*		*		*	
LVI. En chasse		*		*		*		*	
LVII. L'Abri		*		*		*		*	

LVIII. La Laitière			*	*		*		*	
LIX. Le Vieux Pauvre						*		*	
LX. Le Casseur de pierres. I.		*		*		*		*	
LXI. Le Casseur de pierres. II.						*		*	
LXII. L'Ombre						*		*	
LXIII. Le Banc de pierre				*	*	*		*	
LXIV. Sur l'abîme						*		*	
LXV. Adieux à la campagne		*		*		*		*	

Éphémères									
LXVI. Prologue		*		*		*		*	
LXVII. À un prote						*		*	
LXVIII. La Grande Affaire			*	*		*		*	
LXIX. L'Invisible								*	
LXX. L'Étal				*	*	*		*	
LXXI. Trop heureux				*	*	*		*	
LXXII. Inquiétude						*		*	
LXXIII. Sicut dii				*	*	*		*	
LXXIV. L'Araignée				*	*	*		*	

LXXV. Aux sœurs Milanollo	*			*		*		*	
LXXVI. L'Analyse						*		*	
LXXVII. La Sportule				*	*	*		*	
LXXVIII. À Jules Noriac								*	
LXXIX. Le Trappiste						*		*	
LXXX. Deus ex machina				*	*	*		*	
LXXXI. Au poète Anselme Mathieu							*	*	
LXXXII. Transaction						*		*	
LXXXIII. Le Centaure			*	*		*		*	

LXXXIV. Sur un livre de Patenôtres							*	*	
LXXXV. Alpha				*	*	*		*	
LXXXVI. À Jules Janin							*	*	
LXXXVII. Peau d'âne				*	*	*		*	
LXXXVIII. Calme plat						*		*	
LXXXIX. Abîme pour abîme				*	*	*		*	
XC. Le Phrénologue					*				
XCI. Sur *Les Fleurs du Mal*					*				
XCII. Prætexta								*	

XCIII. Au poète Jean Tisseur		*		*		*		*	
XCIV. Contemplation				*	*	*		*	
XCV. Un grand peut-être							*	*	
XCVI. Un rayon				*	*	*		*	
XCVII. La Canne du vieux				*	*	*		*	
XCVIII. Un autographe							*	*	
XCIX. Au czar		*		*		*		*	
C. Le Bain de sang								*	

CI. L'Expiation				*	*	*		*	
CII. Et vidit quod esset bonum			*	*		*		*	
CIII. Génie et matière	*			*		*		*	
CIV. Io Hymen !	*			*		*		*	
CV. La Pipe		*		*		*		*	
CVI. Le Rêve de la pipe		*		*		*		*	
CVII. Le Formica-leo	*			*		*		*	
CVIII. In vino veritas			*	*		*		*	
CIX. Doute		*				*		*	
CX. Le Fléau	*			*		*		*	

CXI. Le Secret de demain	*			*		*		*	
CXII. Le Roman de mœurs	*			*		*		*	
CXIII. Te Deum				*		*		*	
CXIV. Pro aris et focis	*			*		*		*	
CXV. À Horace			*	*		*		*	
CXVI. Amour et vieillesse	*					*		*	
CXVII. À un poète élégiaque	*					*		*	
CXVIII. Communion		*		*		*		*	
CXIX. Amour paternel	*			*		*		*	

CXX. Hermès			*	*		*		*	
CXXI. Le Piéton		*		*		*		*	
CXXII. À Lucine	*			*		*		*	
CXXIII. Le Cheval de manège			*	*		*		*	
CXXIV. À un peintre	*			*		*		*	
CXXV. Date pœnas				*		*		*	
L'Hydre aux sept têtes									
CXXVI. L'Hydre	*			*		*		*	
CXXVII. Superbia	*			*		*		*	
CXXVIII. Avaritia	*			*		*		*	

CXXIX. Invidia	*			*		*		*	
CXXX. Luxuria	*			*		*		*	
CXXXI : Gula	*			*		*		*	
CXXXII. Ira	*			*		*		*	
CXXXIII. Pigrita	*			*		*		*	
CXXXIV. Épilogue									
En train express									
CXXXV. Icare						*		*	
CXXXVI. Le Départ				*	*	*		*	
CXXXVII. Hypothèse				*	*	*		*	

CXXXVIII. La Rencontre				*	*	*		*	
CXXXIX. Sous terre				*	*	*		*	
CXL. Projet				*	*	*		*	
CXLI. Idylle				*	*	*		*	
CXLII. Au but				*	*	*		*	
Les Métaux									
CXLIII. L'Or						*		*	
CXLIV. L'Argent						*		*	
CXLV. Le Mercure						*		*	
CXLVI. Le Cuivre						*		*	
CXLVII. Le Fer						*		*	

CXLVIII. L'Étain						*		*	
CXLIX. Le Plomb						*		*	
CL. Alliage						*		*	
Papillons noirs									
CLI. Au lecteur			*	*		*		*	
CLII. Le Sonneur				*	*	*		*	
CLIII. Les Deux Cortèges		*		*		*		*	
CLIV. Sur un album		*		*		*		*	
CLV. Fleur de bluet				*	*	*		*	
CLVI. La Séparation	*			*		*		*	

CLVII. Un serpent sous les fleurs		*		*		*		*	
CLVIII. Regrets éternels				*	*			*	
CLIX. Resurrectio								*	
CLX. Lazare. I.			*	*		*		*	
CLXI. Lazare. II.								*	
CLXII. Le Masque			*	*		*		*	
CLXIII. Un ami		*		*		*		*	
CLXIV. La Divine Antithèse						*		*	

CLXV. La Momie						*		*	
CLXVI. Atra cura		*		*		*		*	
CLXVII. Le Colchique						*		*	
CLXVIII. Caput mortuum		*		*		*		*	
CLXIX. Lamartine						*		*	
CLXX. Par un temps sombre		*		*		*		*	
CLXXI. Les Visions	*			*		*		*	
CLXXII. La Mère		*		*		*		*	
CLXXIII. Accord parfait						*		*	

CLXXIV. Un lit pour deux. I.			*	*		*		*	
CLXXV. Un lit pour deux. II.			*	*		*		*	
CLXXVI. Le Mal suprême					*	*		*	
CLXXVII. Ce qu'on n'attend pas						*		*	
CLXXVIII. Sub sole quid novi !			*			*		*	
CLXXIX. Un bon mouvement			*	*		*		*	
CLXXX. Jours froids				*		*		*	

CLXXXI. L'Horloge		*		*		*		*	
CLXXXII. In extremis						*		*	
CLXXXIII. Febris accessio			*	*		*		*	
CLXXXIV. La Belle-mère			*	*		*		*	
CLXXXV. L'Anneau du mort			*	*		*		*	
CLXXXVI. Le Faiseur de cercueils			*	*		*		*	
CLXXXVII. Les Quatre Planches			*	*		*		*	
CLXXXVIII. Épilogue	*			*		*		*	

Les Figulines									
Le Sceau divin							*	*	
Linea							*	*	
I. Puella							*	*	
II. Gracilis							*	*	
III. Formosa							*	*	
IV. Rustica							*	*	
V. Intemerata							*	*	
VI. Facilis							*	*	
VII. Blanda							*	*	
VIII. Varia							*	*	
IX. Ardens							*	*	
X. Frigida							*	*	
XI. Malefica							*	*	
XII. Languens							*	*	
XIII. Felina							*	*	

XIV. Morosa							*	*	
XV. Dulcisona							*	*	
XVI. Pauper							*	*	
XVII. Puncta							*	*	
XVIII. Iners							*	*	
XIX. Procax							*	*	
XX. Augusta							*	*	
XXI. Simplex							*	*	
XXII. Pia							*	*	
XXIII. Desperata							*	*	
XXIV. Misera							*	*	
XXV. Talis qualis							*	*	
XXVI. Horrida							*	*	
XXVII. Fortis							*	*	

XXVIII. Misericors							*	*	
XXIX. Extranea							*	*	
XXX. Nobilis							*	*	
XXXI. Angelica							*	*	
Épilogue							*	*	
Les Diables bleus									
I. Prologue									*
II. Mens agitat molem									*
III. Les Ironies de la mort									*
IV. Il est d'heureux mortels									*
V. On a ses pauvres									*

VI. Sur cette mer sournoise									*
VII. À Marguerite L.									*
VIII. Du giron maternel									*
IX. À un érudit sérieux									*
X. L'Esprit est prompt									*
XI. Digressio									*
XII. Ami, prends tes pinceaux									*
XIII. Judas									*
XIV. Ce qui blanchit ta tempe									*

XV. Entre l'âne et le bœuf									*
XVI. Certain jour de Toussaint									*
XVII. La Grâce m'a touché									*
XVIII. Rerum sapientia									*
XIX. Pour être grave, il l'est									*
XX. Maxima debetur reverentia									*
XXI. Une grande douleur									*

XXII. La Gorge du fier									*
XXIII. Le Concile a parlé									
XXIV. Impavidum ferient									*
XXV. Villanelle réaliste									*
XXVI. Il est des fous d'orgueil									*
XXVII. Un soir, après l'agape									*
XXVIII. Ouvre au printemps									*

XXIX. Rule Britannia									*
XXX. Ferme propos									*
XXXI. L'Homme du Vatican									*
XXXII. Odi profanum vulgus									*
XXXIII. La Bête et l'autre									*
XXXIV. Assez riche									*
XXXV. Ménage d'oiseaux									*
XXXVI. Je sais un réduit sûr									*

XXXVII. Avez-vous un ami									*
XXXVIII. Je hais ces preux									*
XXXIX. Au dehors, c'est l'hiver									*
XL. À Alfred Delvau									*
XLI. Après Sadova									
XLII. Épilogue									*

TABLE DES MATIÈRES

SONNETS HUMOURISTIQUES

IMPRIM'VERT®

Achevé d'imprimer par Corlet Numéric,
Z.A. Charles Tellier, Condé-en-Normandie (Calvados), en décembre 2018
N° d'impression : 153264 – Dépôt légal : décembre 2018
Imprimé en France

SOCIÉTÉ DES TEXTES FRANÇAIS MODERNES
(S.T.F.M.)

Fondée en 1905
Association loi 1901 (J.O. 31 octobre 1931)
Siège social : 1 rue Victor-Cousin. 75005 PARIS

Membre d'honneur : M. René Pintard †.

BUREAU : juin 2018

Président : M. Philippe Desan.
Vice-présidents : M. André Blanc.
M. Jean Céard.
Secrétaire général : Mme Anne Regent-Susini.
(regentanne@yahoo.fr)
Trésorier : M. Alexandre de Vitry.

La Société des Textes Français Modernes (S.T.F.M.), fondée en 1905, a pour but de réimprimer des textes publiés depuis le XVIe siècle et d'imprimer des textes inédits appartenant à cette période.

Pour tout renseignement et pour les demandes d'adhésion, s'adresser au sécrétaire général, Mme Anne Regent-Susini, 235 rue La Fayette, 75010 Paris.

LES PUBLICATIONS DE LA SOCIÉTÉ DES TEXTES FRANÇAIS MODERNES SONT EN VENTE À LA LIBRAIRIE DES CLASSIQUES GARNIER
6 rue de la Sorbonne 75005 Paris
www.classiques-garnier.com